貧困化する授業からの反転

デジタル化と「子ども主体」の偽装を真正の教育へ

子安 潤

学文社

はじめに

ＧＩＧＡスクール構想と「令和の日本型学校」を絶賛する人がいる。賛同理由に同一のキーワードが並ぶだけのことも多く、忠誠の印を掲げているようにしか見えないことがある。タブレットの利用の仕方を説いて歩く人もいる。そこに教育にとっての価値論が聞こえないと心から残念に思う。始まった動向を世の趨勢として受忍していく人もいる。趨勢の根拠を探しさえすれば、受忍以外の道が開けることを期待したくなる。さらに、疑問を呈する人たちもいる。私は最後の範疇にいて、素朴な疑問から検討を始めることになった。切っ掛けは、「オンライン授業はつまらない」という趣旨の学生の顔と声からであった。

本書は、疑問を批判へと進めた中間まとめである。批判の根底にある考え方を短く言うと、「教え学ぶ世界には丹念な準備が必要だが、準備で完成するわけではなく、教え学ぶ者たちの絶えざる即興との複合によって生み出されていくものである」という把握である。これがなぜ根底かというと、準備された世界から出ることのないデジタルでは、人の教えと学びの主役にとって代わることがいつまでもできないからである。「取って代わろうとなどしていない。うまく使いこなすように言っているだけだ」という声が聞こえてきそうだ。しかしながら、その言説にのって利用すると、教育の画一化と単純化が進むのである。

21世紀の教育の画一化は、教育基本法の改定に伴って、教育のスタンダードを設定させる潮流が生み出され、加速して行ったことを『画一化する授業からの自律』（学文社、２０２１年）に記した。その後、感染症を契機として「教育のＩＣＴ化」が叫ばれ、教育の画一化と貧困化が一層推し進められることとなった。なぜＩＣＴ化が進むと教育の画一化・貧困化が拡大するのか。デジタルの世界は、確率的に人・物事を分類し、分類に応じてデジタルが得意とするコピーアンドペーストされた同じ教育・モノを配分する。分類を個性に対応した処遇と合理化し、言い張る思潮も配付されている。しかしそうではない。規格化された枠組みに子どもを落とし込んでいるだけである。そこで言う「子ども中心」は偽装である。子どもを見て子どもによい教育を保障しているわけではない。

教育は先達の真似を子どもに促す活動であり、真似の先に新たな世界を期待する活動である。真似とデジタルのコピーアンドペーストがよく似ているように見えるかもしれない。だが、原理的に違う。真似は学習者がしなければならないが、コピーアンドペーストは教育者と学習者のどちらがクリックしてもよいだけでなく、学習者による真似る活動がいらない。原版は教育する側がかたどったモノで、寸分違わぬモノが勝手にペーストされる。人の真似には熟達の過程が伴うが、コピーアンドペーストに熟達はない。学習者の創造的な真似る活動がなくてもコピーアンドペーストはできてしまう。コピーアンドペーストに創造的熟達は期待されていない。機械のコピーアンドペーストほどではないとしても、最近の授業の様相は、要点の記憶に矮小化・貧困化させられ、要点の記憶量の違いを個性の違いと言いくるめて終わりとすることが生まれている。

偽装された子ども中心論とは違った子どもの学び要求を中心に据える議論なども一部に生まれているが、その分かれ目は、要求は放っておいて生まれるものではないことに自覚的であるかどうかである。要求は、提案や問いかけへの応答として生まれるものでもある。

そうだとすれば教えと学びは、二つの主体が相互作用的に織りなす物語の世界であって、それぞれの教育の場において唯一無二の世界をつくっていく。そう考えると、スタンダード化やデジタル化による教育の画一化やコピーアンドペーストの世界は、教育の貧困化と捉えざるを得ない。なぜなら、定型化され、予め応答は定まっているからである。そんな類型的世界から抜け出し、教える者と学ぶ者の双方の世界に共々に豊かさをどう取り戻して行くのか、それこそが現代の課題である。子どもは何を学びたがっているか、教えるものは何をこそ提案し、問いかけるべきかその再考が求められていることを示している。

このテーマを考えていくにあたって、スローガンで賛成したり反対したりする行き方を避けたいと考えた。そのために、推進している行政側のデータをより多く用いて検討しようと考えた。また、ＩＣＴやＡＩ、そのプログラムの原理に即して不可能性を示すことを心がけた。

そこでまず、第1章から第3章では、現在直面しているGIGAスクールと「令和の日本型学校教育」の歪みの基本構造を提示し、タブレットPCを使った教育で何ができないのかを示そうとした。急速に広がる教育のデジタル化、デジタルコンテンツの利用の問題点を原理的に考察した。特に、デジタル化は教育活動を簡易化するが、教師の教育活動から考えることを奪い、子どもに貧困な学習を呼び起こすことを示そうとした。また、教師と学習者のログを大量に収集する不法行為等の問題点を指摘した。

第4章と第5章では、「令和の日本型学校教育」が子どもの資質・能力の育成をねらいとしているとするが、その資質・能力論を批判した。その形成論がジェネリックスキルの抽象化を拡大し、一部の授業方法の偏重をもたらしていることを批判した。タブレットPCを用いた授業へと無闇にシフトしているが、教材という本来リアルな世界まで二次元のデジタル世界に変換し、リアルな世界を消し去ってしまう事態が生まれていることに対して、ホンモノを学びの対象とすることの重要さを指摘した。

第6章からは、トレンドにさせられている授業方式や授業動向を取り上げた。第6章では、「個別最適な学び」の典型的な授業方式として流行させられようとしている「単元内自由進度学習」の抱える難点をあげ、単元内という制約と教師の教えに関する歪んだ囚われから解放されるべきことを論じた。第7章では、他方で進められている「探究」学習の類型化とコンパクト化にどう対抗するのかを検討した。第8章では、学びの貧困化の典型の一つである「読み」の浅薄化、すなわち概要をかいつまんでプレゼンをして終わりとする知性の退廃に対して、読みの世界へと誘う授業の構成を論じた。近年の授業動向に共通するのは、「個別最適な学び」論が言葉の表の意味に反して、一方的な伝達論に陥っていることである。そこでは、伝わらない子を放置していく伝達論となっている場合がしばしばある。「正解管理主義」とでも表現するしかない事態がそこに生まれている。

第9章は、授業とは直接関わらないが、「生徒指導提要」の改訂に伴って生まれている学生服等の改訂動向の意味を検討した。多様化しながら、他方でそれが画一化する典型的な構造を示しているからである。そうではあるが、学生服というなかなか変わらない教育文化も、支持を取り付けることなしに一方的に進めることができないことも示してみた。これを取り上げたのは、学校教育のもう一つの領域の事態にも目配せをしておきたいという理由からである。

第10章は、教育におけるＡＩの利用をどう見るか、これへの複眼的視野の必要を意識して論じた。

おわりには、本書の短い総括を試みた。そこに新たな課題をなんとか含み込ませたいものだと考えたがどうだろうか。本書のどこかに一つでも考えるべき問いと応答が掬い出されることを期待したい。

２０２４年６月

目次

第1章

ＧＩＧＡスクールによる画一化と教育の質的貧困化――「令和の日本型学校教育」の歪み

はじめに

教育水準が低下させられている。教育水準の低下は、画一化がまずもたらした。さらに、画一化させられると、教育活動の質が連続的にさらに貧困化させられた。そうした事態とその基本構造をこの章では論じる。前著『画一化する授業からの自律』では、授業を画一化させる従来からの仕掛けとして教育の国家統制・教科書統制・地域・学校による統制があり、そこに新規の統制として国家・地域における政治的介入や教育スタンダードの導入が加わり、さらにデジタル化による細部の教育活動の統制が始まったことを論じた(1)。

今回は、デジタル化による教育活動の画一化と画一化された教育活動がさらに貧困化させられていく問題を考察する。まずは、教育のデジタル化という政策動向の確認から始めて、タブレットＰＣを用いた教育活動の抱える弱点、システムの原理的不可能性を考察する。本章では、現代の画一化と質的な貧困化をもたらす文科省等の教育政策とＧＩＧＡスクール構想によって広がる授業の変化とそこに現れ始めた基本問題を提示する。

現在の教育政策動向の確認から始める。２０２１年1月26日、中央教育審議会は「『令和の日本型学校教育』の構築を目指して」の答申をだした（以下「令和答申」と略す）[2]。「令和答申」は、章の構成には教育制度の理念や授業の根幹に係わる論点を持ち出しているものの、直ちに実行されたのはタブレットＰＣの配付とそれを利用した当面の教育方策であった。きわめて即物的な産業主義的性格の強い答申であったことがこの一事をもってもわかる。教育の各分野についても産業優先の考え方が充満しているが、ＩＣＴ化ばかりを優先し、他の領域は審議の基本方向を示唆するだけに留まり、実質的議論はこの時期ゆっくりしていた。タブレットＰＣの購入と利用という即物的・即応的な方策は強引に進められ、幼児教育から中等教育の諸課題や履修主義と習得主義といった学校の在り方や学びの在り方については「ＧＩＧＡスクール構想」の影に隠れがちとなった。

ＰＣ配付騒動の後は、その利用の仕方、各種デジタルアプリの導入と利用の話題が中心に置かれた。それが２０２０年代前半の状況である。各教育分野の理念に係わる議論が浮上することはあるが、それが大々的に正面に掲げられ、議論になり、具体化に至ることは少ない。個別テーマの検討プロジェクトは発足し始めた段階にあり、「特異な才能を持つ子」の問題やフリースクールなど一部が話題にのぼるが、教育の近未来論として語られ、かつての能力主義的多様化としてのコースづくりではなくて、それぞれをコースに落とし込んでいく仕組みを「学びの多様化」として描いている。

それでも、つぶやきあるいは模索の途上ではあるが、格差社会に対応した差別的な能力主義的教育構想を含んだ案もあれこれと検討・準備されている[3]。表だって誰にも見える差別的教育論は、何度も拒否されてきた経験があるためでもあろうが、「個別最適」とか「ウエルビーイング」など穏やかに見えるフレーズへの読み替えに内包させていると解することができなくもない。これらが次の学習指導要領の改訂と手を取りあって動き出そうとしている。やがてそれらが、本格的に提示される時代と社会へと歩みを続けているのが今である。これらに係わる教育方法学的な処方箋の欠陥についても後に論及する。

現在のその先が想定されていることを踏まえたうえで、今は、「GIGAスクール構想」の実態が姿を現したところである。構想の実施形態が概ね定まった。前著において「GIGAスクール構想」の問題点は指摘したが、今回は教育実践として現れた姿に即して現段階の問題点を描いていく。拙速な方策が画一化を促進し、さらに画一化と手を取りあって教育活動を貧困化させ質を低下させていくことを示していく。

1　Society 5.0と「GIGAスクール構想」

現在の教育政策の中心として多数の子どもとその教育関係者の耳目と労力を奪っているのは、「GIGAスクール構想」として配付されたタブレットPCとその利用に係わる諸問題である。この構想に対する筆者のまなざしは冷たい。子どもの耳目と教師の労力を奪った割にさほど有意義ではなく、むしろ子どもと子どもの力を萎えさせている。子どもと教師の全体的でリアルな活動こそすべての人を育てるうえで重要だと考えている。まずは「GIGAスクール構想」とその実態から見ていこう。

「GIGAスクール構想」の位置を確認する。

「令和答申」は、当面の「GIGAスクール構想」に対応させたものだが、その前提にはSociety 5.0のキャッチコピーで呼ばれる産業社会論らしき構想がある。Society 5.0は、学問的に検証され定義された概念ではなく、繰り返すがキャッチコピーである。言葉が登場した時間の順を示すと次のようになる。

Society 5.0（2016年）→「GIGAスクール構想」（2019年）→「令和答申」（2021年）

Society 5.0の後にその具体策の一部として「GIGAスクール構想」が政策として打ち出され、

これを強引に推進するために「令和答申」が出された。結局、答申は当面の施策としての「ＧＩＧＡスクール構想」を推進するために提出されたに等しい。この位置関係を見誤ると、その先にまだ全貌を現していないが、ＡＩに管理されたひどく窮屈で粗雑な教育社会があることを見落とすことになる。ここではその影があることを指摘して、「ＧＩＧＡスクール構想」とSociety 5.0という言葉の意味を確認していく。

まず、Society 5.0は、２０１６年1月に「科学技術基本計画」として閣議決定された文章に登場した言葉である。[4] これは、英数字で表記されているが、日本だけの言葉で世界では通用しない。「超スマート社会」がやってくると言ったにすぎない。その説明としては、狩猟社会が１・０、農耕社会が２・０、その次が歴史をかなり飛ばして工業社会で３・０、その後の情報社会が４・０、今描くその次の社会が「ＩＣＴを最大限に活用し、サイバー空間とフィジカル空間（現実世界）とを融合させた取組により、人々に豊かさをもたらす『超スマート社会』を未来社会の姿」とし、それを「Society 5.0」と名付けたのである。人間の歴史を生産とりわけ科学技術の一面だけで捉える貧弱な社会論だが、これが科学技術と直接に関連のある経済産業省や文部科学省などの政策に影響を与えることになった。

その５・０の社会は、例えばＴＯＹＯＴＡが富士山麓にＩｏＴに管理・監視された町をつくると宣伝しているあのイメージである。[5] 町で利用するものは、基本的にすべてコンピュータにつなげられる。電気・ガス・水道のメーターだけでなく、あらゆる機器がコンピュータとつながって人の生活を「支援する」ことになっている。人の流れや顔、人の挙動の個人情報のあれこれが記録され、そのデータに応じて行動が推測され、住人の必要にすぐに応えてくれるという。ある種のゲーテッドコミュニティがつくられるならば、多様な人の需要にすぐ応えられるから便利なはずだというわけである。確かに一定の便利さを提供してくれるかもしれないが、代わりに個人情報はすべて抜き取られていく。提供される便利さもバラエティがあるようで、実は定型的サービスが提供される。提供されるサービスは誰にでも提供されるかというと、そうではない。ＴＯＹＯＴＡの街に限らず、その便利さを享受できるのは一部の人間に限られる。

さまざまな分野においてSociety 5.0が構想され、そのための技術開発が進められている。その教育分野の政府による手始めの施策が「ＧＩＧＡスクール構想」である。

2　PCの配付と利用がGIGAスクール構想

Society 5.0の「超スマート社会」に向けた教育における第1段としての「ＧＩＧＡスクール構想」は、２０１９年6月25日に、「新時代の学びを支える先端技術推進方策」に示された教育政策のことである。(6) 提示した図が概要を示すものとして各所で利用されている。構想というと練り上げられた深みのある理念に聞こえるが、実態は即物的な次の三つである。

①すべての小中学校にタブレットＰＣもしくはノート型ＰＣの配付

図表1-1 「GIGAスクール構想」の基本構造

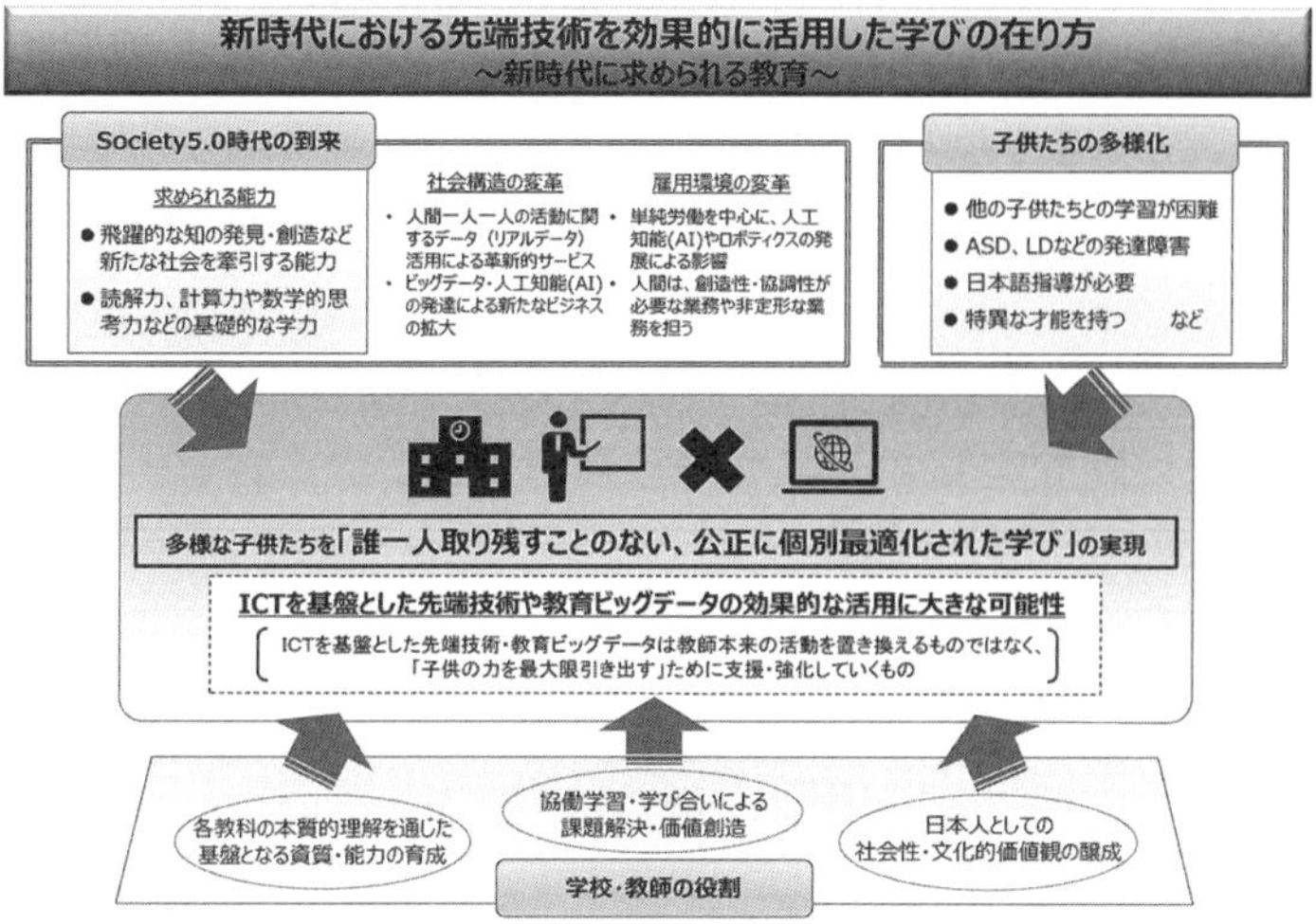

出所）文部科学省「新時代の学びを支える先端技術活用推進方策（最終まとめ）」p.1

②PCをインターネットに接続するための環境と機器の整備

③それらを教育活動に利用する教育と行政の推進

これが「GIGAスクール構想」のすべてである。「令和答申」には「ICT機器等」と幅の広い言い方をしているが、実態は、タブレットPCとその周辺機器だけが矮小化されて学校に配付されることとなった。今ではほぼすべての小中学校にタブレットPCが配布され、利用するための一定の環境整備も進んでいる。文科省の調査結果を見るとそのことがわかる。COVID-19の影響で予算が前倒し執行され、急激に進んだ。どの程度整備されたかは、図表1-2を見るとわかる。(7)

急激に進めたため、パソコンやインター

図表1-2　学校における主なICT環境の整備状況等の推移

①教育用コンピュータ1台当たりの児童生徒数　（参考）教育用コンピュータ台数と児童生徒数

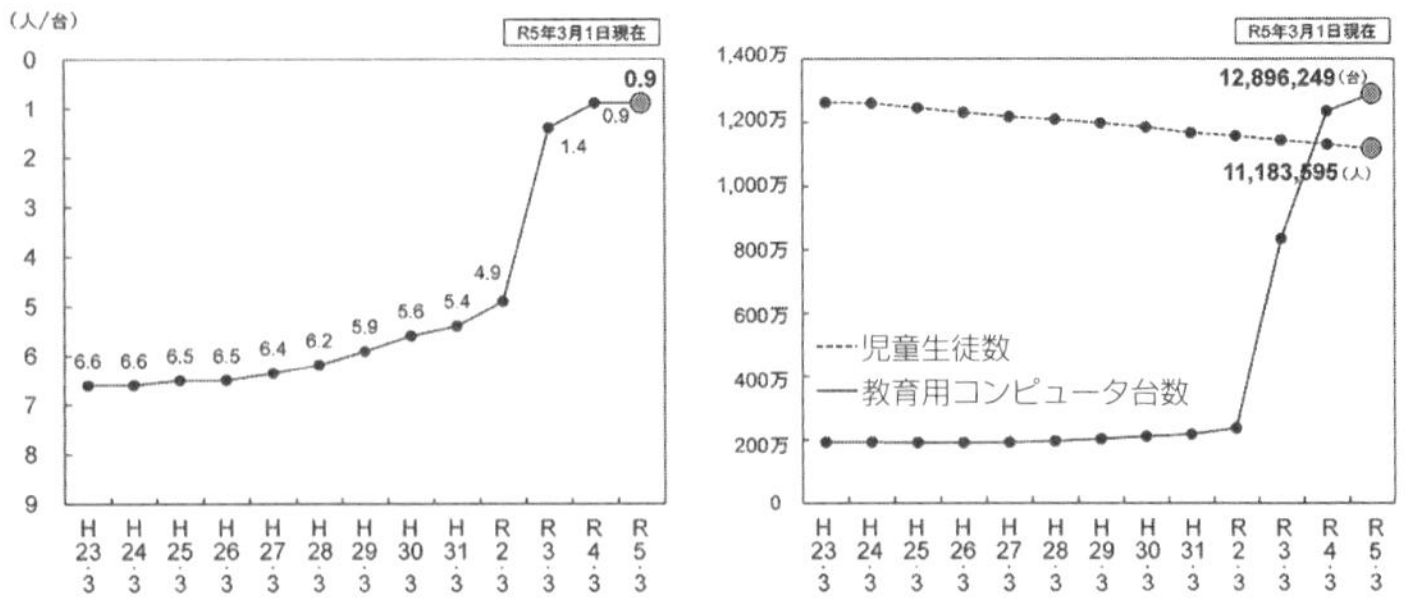

出所）文部科学省「令和4年度学校における教育の情報化の実態等に関する調査結果（概要）（令和5年3月1日現在）〔確定値〕」p.4

ネット接続のトラブルが当初は頻発したが、一部の地区をのぞいて、徐々に世間並みのトラブルに落ち着いてきた。最初の機器の配布が終わり、時間の経過とともに、機器の更新のための予算確保や保守・点検のための人員確保などその後の課題が浮上する次のステージに移行している。ただし、タブレットPCを利用した教育が効果的かどうかだけは議論されなかった。「エビデンスベースの議論を」などと他では言うが、これに関しては議論されず、手段としてのパソコンを「適切に活用」と言いつつ、利用を強制する動きが全国展開した。

教育委員会単位でのパソコンの選定と授業支援アプリの採択、さらに保守業務の契約が進み、教員対象の研修がすぐに本格化していった。その結果、基本的な操作技術を多くの学校教師が一応マスターした状況にある。図表1-3の文科省の調査結果でもそのことが見て取れる。

図表1-3　教員のICT活用指導力の状況（16小項目別）[8]

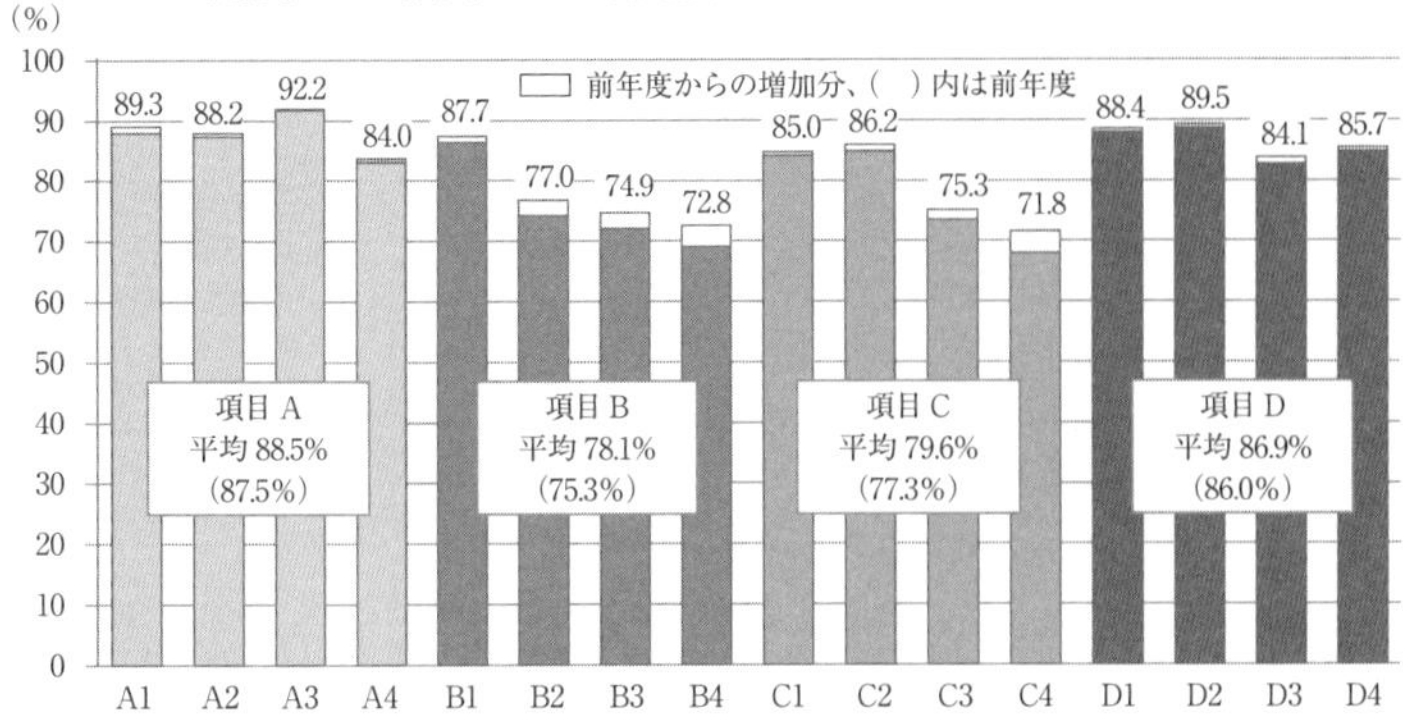

A	教材研究・指導の準備・評価・校務などにICTを活用する能力
A1	教育効果を上げるために、コンピュータやインターネットなどの利用場面を計画して活用する。
A2	授業で使う教材や校務分掌に必要な資料などを集めたり、保護者・地域との連携に必要な情報を発信したりするためにインターネットなどを活用する。
A3	授業に必要なプリントや提示資料、学級経営や校務分掌に必要な文書や資料などを作成するためにワープロソフト、表計算ソフトやプレゼンテーションソフトなどを活用する。
A4	学習状況を把握するために児童生徒の作品・レポート・ワークシートなどをコンピュータなどを活用して記録・整理し、評価に活用する。

B	授業にICTを活用して指導する能力
B1	児童生徒の興味・関心を高めたり、課題を明確につかませたり、学習内容を的確にまとめさせたりするために、コンピュータや提示装置などを活用して資料などを効果的に提示する。
B2	児童生徒に互いの意見・考え方・作品などを共有させたり、比較検討させたりするために、コンピュータや提示装置などを活用して児童生徒の意見などを効果的に提示する。
B3	知識の定着や技能の習熟をねらいとして、学習用ソフトウェアなどを活用して、繰り返し学習する課題や児童生徒一人一人の理解・習熟の程度に応じた課題などに取り組ませる。
B4	グループで話し合って考えをまとめたり、協働してレポート・資料・作品などを制作したりするなどの学習の際に、コンピュータやソフトウェアなどを効果的に活用させる。

C	児童生徒のICT活用を指導する能力
C1	学習活動に必要な、コンピュータなどの基本的な操作技能（文字入力やファイル操作など）を児童生徒が身に付けることができるように指導する。
C2	児童生徒がコンピュータやインターネットなどを活用して、情報を収集したり、目的に応じた情報や信頼できる情報を選択したりできるように指導する。
C3	児童生徒がワープロソフト・表計算ソフト・プレゼンテーションソフトなどを活用して、調べたことや自分の考えを整理したり、文章・表・グラフ・図などに分かりやすくまとめたりすることができるように指導する。
C4	児童生徒が互いの考えを交換し共有して話合いなどができるように、コンピュータやソフトウェアなどを活用することを指導する。

D	情報活用の基盤となる知識や態度について指導する能力
D1	児童生徒が情報社会への参画にあたって自らの行動に責任を持ち、相手のことを考え、自他の権利を尊重して、ルールやマナーを守って情報を集めたり発信したりできるように指導する。
D2	児童生徒がインターネットなどを利用する際に、反社会的な行為や違法な行為、ネット犯罪などの危険を適切に回避したり、健康面に留意して適切に利用したりできるように指導する。
D3	児童生徒が情報セキュリティの基本的な知識を身に付け、パスワードを適切に設定・管理するなど、コンピュータやインターネットを安全に利用できるように指導する。
D4	児童生徒がコンピュータやインターネットの便利さに気付き、学習に活用したり、その仕組みを理解したりしようとする意欲が育まれるように指導する。

出所）図表1-2に同じ、p.23より作成

９割近くの教師が基本的操作とその指導ができる状況にあることがわかる。熟達の程度に個人差はあろうが、また教育活動への利用頻度に差はあろうが、当初の政策目標からすれば達成されたと言っていい状況となっている。

3　PCの利用による画一化と貧困化の仕組み

問題は、この政策の執行過程で現れはじめ、配付が終了した時点で顕著になってきた点にある。それは、教育活動の画一化が急速に進んでいることである。しかもその画一化は、ＰＣを利用すればするほど、教育活動の単純化を生み、教育活動の水準が貧困になっていることである。これに応じて学習活動の水準も貧困化の様相を見せている。教育活動において面倒であった作業がＰＣの利用で簡単になり便利になるはずが、そうしたメリットで覆いつくされるのではなく、深刻なデメリットを発生させている。

画一化の要因は複数ある。

従来からある行政による権力的な画一化が当然今回も作用している。タブレットＰＣを配付した教育行政によるその利用の強制が陰に陽に続いている。その影響は、従来以上に教育産業と連携してやってくるようになった。この教育産業と連携してやってくる点が新しい形態の一つである。

今回の画一化の一番の原因は、ＰＣの利用とその強制にある。この強制の波は、従来とは異なる点がある。まず、ＰＣをどこでどのように利用するかの定型化と「毎日利用するように」といった利用の統制である。これは、従来の教科書教材の使用や授業進行の統制とは比較にならないほど強く作用する。デジタル機器とデジタル・アプリを利用すると、逃れにくい画一化の沼にはまっていくのである。具体的姿をあげると、ドリルタイプのデジタルコンテンツである。これが相当学校教育の中に入り込んだ。授業に教育産業制作のデジタルドリルを導入すると、ドリルの準備と採点は簡単になるからである。教育委員会や学校単位で契約されることが多いため継続利用される傾向も強い。

より影響が大きいのは、デジタル教科書である。デジタル教科書はそれを発行する教科書会社等による授業の進行モデルと事実上リンクしており、同じ教材、同じ授業進行が生み出されていく。教師用デジタル教科書はさらに授業を拘束する。クリック一つで、授業進行が表示され、授業に必要な教材・教具・ファイルが提示されるからである。そのうえ、デジタル教科書の場合は特に、その利用が管理・監視されていることで画一化圧力が強くなっている。

従来からある教育方法の統制という社会システムがデジタル化されると、利用の仕方が直接に教育委員会等に把握され、画一化を強いる力が強まってしまうのである。象徴的に言えば、従来の管理統制は職員室までで、志ある教師の教室まで具体的に統制することは難しかった。だが、タブレットＰＣとアプリの利用はその統制を容易にし、統制の及ぶ範囲を拡大した。ここには教員の専門職性の保障や個人情報保護の問題など法制度上の課題もあるが、教育方法上の画一化問題を一挙に拡大させた。

ここまでの議論をまとめると、授業を画一化させる要因として三つあることを指摘した。

一つは、教育行政によるPC利用の強制。

二つは、デジタルコンテンツ・アプリの利用による画一化。

三つは、PC等の利用のチェックシステムの存在とその影響。

次に教育の単純化・貧困化という質の低下の問題を取り上げる。

AIの利用を含めた教育活動のデジタル利用は、構造的に単純化を引き起こす。デジタルコンテンツの利用による授業進行は、類型化せざるを得ないからである。教師なら多様な子どもの反応にその場で授業の予定を組み替えることができるが、デジタルコンテンツは予め組み込んだ反応しかできない。子どもの回答に対して、デジタルコンテンツや授業アプリは一定の反応がプランニングされている。AIを使うと無限の反応が準備されているかのような宣伝がなされているが、実際には、子どもの反応への対応は課題ごとに通常数個までとなっている。デジタルドリルで誰がどんな誤答をしても、解説は同じ文言が表示されて終わる。子どものあれこれの反応を分析することなく、現在のAIは子どもを無視して先へ進む。そのために人工知能を駆使したAIアプリは、所定の類題を提出するだけの単純な仕様となっている。これがデジタル化による画一化を伴いつつ単純化を引き起こす基本的な要因である。それぞれの仕掛けと問題点は第2章で論じる。

ともかく、「ＧＩＧＡスクール構想」が物珍しかった時期はすぐに過ぎて、タブレットＰＣの学校による利用に多少の違いはあるものの、ＧＩＧＡスクール下の授業が始まると、定型化された利用が広がったのである。画一化と単純化による教育の質の低下が生まれる政策的な基本原因となっている「個別最適な学び」のスローガンとその対応策について次節で検討する。現在トレンドとなっている実践の抱える原則的な問題点も一部だが指摘する。

4　「個別最適な学び」の偏重

次の図（図表1-4）は、「令和の答申」の骨子を説明するための概略図である。文科省のその後の答申類に何度も引用され、説明に利用されている。[9] これが「２０２０年代を通じて実現すべき令和の日本型学校教育の姿」ということになっている。

①「個別最適な学び」が一方の極

②「協働的な学び」がもう一つの極

この二つを組み合わせていくのが、「令和の日本型学校教育」なのだと文科省筋は説明する。

「個別最適な学び」の中身の説明を抜き出すと、次の三つとなる。

①支援が必要な子供により重点的な指導を行うこと

図表1-4　2020年代を通じて実現すべき「令和の日本型学校教育」の姿

①個別最適な学び（「個に応じた指導」（指導の個別化と学習の個性化）を学習者の視点から整理した概念）

◆新学習指導要領では、「個に応じた指導」を一層重視し、指導方法や指導体制の工夫改善により、「個に応じた指導」の充実を図るとともに、コンピュータや情報通信ネットワークなどの情報手段を活用するために必要な環境を整えることが示されており、これらを適切に活用した学習活動の充実を図ることが必要

◆GIGA スクール構想の実現による新たな ICT 環境の活用、少人数によるきめ細かな指導体制の整備を進め、「個に応じた指導」を充実していくことが重要

◆その際、「主体的・対話的で深い学び」を実現し、学びの動機付けや幅広い資質・能力の育成に向けた効果的な取組を展開し、個々の家庭の経済事情等に左右されることなく、子供たちに必要な力を育む

指導の個別化

●基礎的・基本的な知識・技能等を確実に習得させ、思考力・判断力・表現力等や、自ら学習を調整しながら粘り強く学習に取り組む態度等を育成するため、
- 支援が必要な子供により重点的な指導を行うことなど効果的な指導を実現
- 特性や学習進度等に応じ、指導方法・教材等の柔軟な提供・設定を行う

学習の個性化

●基礎的・基本的な知識・技能等や情報活用能力等の学習の基盤となる資質・能力等を土台として、子供の興味・関心等に応じ、一人一人に応じた学習活動や学習課題に取り組む機会を提供することで、子供自身が学習が最適となるよう調整する

◆「個別最適な学び」が進められるよう、これまで以上に子供の成長やつまずき、悩みなどの理解に努め、個々の興味・関心・意欲等を踏まえてきめ細かく指導・支援することや、子供が自らの学習の状況を把握し、主体的に学習を調整することができるよう促していくことが求められる

◆その際、ICT の活用により、学習履歴（スタディ・ログ）や生徒指導上のデータ、健康診断情報等を利活用することや、教師の負担を軽減することが重要

それぞれの学びを一体的に充実し
「主体的・対話的で深い学び」の実現に向けた授業改善につなげる

②協働的な学び

◆「個別最適な学び」が「孤立した学び」に陥らないよう、探究的な学習や体験活動等を通じ、子供同士で、あるいは多様な他者と協働しながら、他者を価値ある存在として尊重し、様々な社会的な変化を乗り越え、持続可能な社会の創り手となることができるよう、必要な資質・能力を育成する「協働的な学び」を充実することも重要

◆集団の中で個が埋没してしまうことのないよう、一人一人のよい点や可能性を生かすことで、異なる考え方が組み合わさり、よりよい学びを生み出す

● 知・徳・体を一体的に育むためには、教師と子供、子供同士の関わり合い、自分の感覚や行為を通して理解する実習・実験、地域社会での体験活動など、様々な場面でリアルな体験を通じて学ぶことの重要性が、AI技術が高度に発達するSociety5.0時代にこそ一層高まる

● 同一学年・学級はもとより、異学年間の学びや、ICTの活用による空間的・時間的制約を超えた他の学校の子供等との学び合いも大切

出所）中央教育審議会「『令和の日本型学校教育』の構築を目指して～全ての子供たちの可能性を引き出す、個別最適な学びと、協働的な学びの実現～（答申）【概要】」（令和3年1月26日）p.2より作成

②子供一人一人の特性や学習進度、学習到達度等に応じ、指導方法・教材や学習時間等の柔軟な提供・設定を行うことなどの「指導の個別化」

③教師が子供一人一人に応じた学習活動や学習課題に取り組む機会を提供することで、子供自身が学習を最適となるように調整する「学習の個性化」

一つ目の「支援が必要な子供」とは、障がいを持つ子だけではなくて、「特異な才能を持つ子」もここでは想定されていることには注意を払っておきたい。

二つ目の「指導の個別化」は、これは従来からのあれこれの能力主義的な「個別化教育論」において主張されてきた対応である。直接に能力主義というわけではない場合、例えば子どもの学習状況に応じて授業中に応答を変えることは誰でも行うことである。しかし、そういうことをこの答申が考えているわけではない。個々の子どもに対応することは、周囲の子どもたちとの共同活動でも行われるのだが、ここでは一人での学習だけを想定するという貧困な思考が働いている。

三つ目の「学習の個性化」は、聞き慣れない言い回しである。教師が子どもを見て課題を提供してそれを遂行させるのではなく、教師はあれこれ課題を提出するがそれを選ぶのは子どもと位置づけられている。だから、教師が提案しても子どもが選ばなければ取り組まないことになる。子どもは、取り組むかどうかを決めるだけでなく、選んだ場合にも自分で自分の学習の仕方を調整して行くことが推奨されている。ここでも「個性」が社会や集団と無関係に存在するものであるかのように考える偏りがみえる。具体的には「自由進度学習」のように学習計画を子どもが立てたことにする実践などとして始まっている。

ともかくも「指導の個別化」と「学習の個性化」の二つが「個別最適な学び」を構成するとしている。この二つについてさらに検討する。

子ども毎に一番良い学びを行うのだという。言葉通りなら誠に結構な教育に聞こえる。だが、個々の子どもに一番良い学びとは何だろう。一番良いとどのように決めるのだろう。個々の子どもに一番良い学びが一人で行うものとはかぎらないことも考えられる。共同的な学びの場合もあると考えられる。そんな事態とどう整合性をつけるのか。素朴に考えても次々と疑問がわいてくる。

それぞれ、具体的な取り組み方はどう展望されているのかを見ていこう。

一つは、学習の履歴（スタディ・ログ）や生徒指導上のデータを集めるとしている。個々の子どものつまずきや興味関心の情報を集め蓄積していくという。個々の子どもの情報がなければ対応も考えられないから当然のように見える。どこでつまずいたか過去の記録から得意や苦手を推測するというのであろう。ただここで、教師が子どもを目の前にしてそれらの情報を見て判断して対応をとることと、データとして集積した結果からデジタルアプリが対応策を提出することとは同じではない。子どもに即応した対応が可能なのが教師であり、デジタルアプリは予定された対応から確率的に対応策を提出することしかできない。この違いがかなり大きいということだけをここでは指摘しておこう。

関連するが、もう一つ集める情報と集め方には注意が必要だ。多様な子どもに対応できるほど情報が集められるのかという量的な問題もあるが、仮に集めたとしてデジタルアプリは対応策を提案できるのかという問題がある。ここでも教師とデジタルアプリの対応の違いを区別しなければならない。データを集積するだけならば、デジタルが圧倒的に優れている。人である教師はかなわない。しかしながらこの先は、人が優れている。集めた情報を使う段階になると、人の場合には融通が利くが、デジタルはプログラムされた対応しかできない。当然だが、デジタルの対応は、AIやコンピュータが作っているのではない。プログラム制作者が決めている。また、デジタルには、個人情報の漏洩のリスクという格段の弱点がある。

未解決な問題はあるのだが、先の構造図は、明らかにICT機器、特にタブレットPCを利用して「個別最適な学び」を推進しようと述べている。まだまだシステム的に弱点の多いデジタルを活用して、「個別最適な学び」を実現するのだと言っている。しかし、できないことも多いので、一応「適切に活用」するという言い方で納めようとしている。だが、多くの学校の実態はPCのがむしゃらな利用である。

また確かに、「令和の日本型学校教育」には、もう一つ「協働的な学び」が柱として提示されている。しかし、浅井幸子も指摘するように、「協働的な学び」は「個別最適な学び」の補完的位置しか与えられていない(10)。その多くは、グループによる探究学習とジェネリック・スキルを意識した話し合いで占められている。

5　借り物の「個別最適な学び」

「指導の個別化」と「学習の個性化」の原理的な考え方をもう少し見ておく。取り組みを見ていこう。「個別最適な学び」の定義の周辺に示されている具体策は次の通りである。

学習進度、学習到達度等に応じ、指導方法・教材や学習時間等の柔軟な提供・設定を行うこと。要するに、子どもごとに学習のスピードを変えること、理解の深浅に応じて指導法・教材・学習の時間を変えることが想定されている。機械的に何でもいつでも全部同じに取り組ませるのも困った事態となる可能性があるが、しかし中下位層の子どもは切り捨てられることを意味する可能性をはらんだ方針とも読める。

もう一つの「学習の個性化」は、子どもの個性を伸ばすことを意識してであろうが、「子供自身が学習が最適となるよう調整する」としている。だが、子どもは選べるだろうか。教師も子どもごとの個性を判断できるだろうか。得意だから取り組むこともあるだろうが、逆に、苦手だから取り組むということもある。そもそも個性を見定めることが困難なのではないか。安易な個性の診断は、それこそ個性を押しつぶす。「個別最適な学び」には怪しさが定義から漏れ出ている。この実際の姿については、後の章で取り上げる。

ところで、「個別最適な学び」という言葉の由来の一つは、システム工学系の「最適化」という言葉の転用と推測される。システム工学ではコンピュータの機械学習などについて「学習の最適化」等と使う。この語順を入れ替えて「最適な学び」と言うようになったと推定される[11]。もう一つそこに影響を与えたのは、アダプティブ・ラーニング（Adaptive Learning）というアメリカの心理学の流派からとってきた言葉である。アダプティブというのは「適応的な」とか、「適切な」といった意味だが、かつて日本でも「適性処遇交互作用」という用語が流通した時期があり、その流れを汲む流派である。適性処遇交互作用というのは、子どもの適性に応じて教育し、教授の仕方を変えるという考え方である。これは当時、うまくいかなかった。なにより個々の子どもの適性を判断することが難しかったからである。人ごとの得意はそう簡単に決まらない。人は取り組んでみることでその分野に熟達していくからである。さらに難しかったのが、適性に応じた教育を個別に提案することである。その人に応じた力がどうすると伸びていくのかを簡単に決めることができなかった。その考え方を心理学研究として引き継ぎ、「自己調整学習」という研究的なアプローチが存在する[12]。なお、アメリカはアダプティブなので最上級ではないのだが、日本では最上級の「最適」という用語をあてる乱暴な議論になっている。

人工知能研究などの工学系の研究の用語と心理学の用語を背景に創作されたのが「個別最適な学び」なのである。それぞれの分野の研究によって、人の学習や人の個性が、あるいは機械学習のよりよいシステムが解明され切ったかというと、まだ未解明な事柄の方が圧倒的に多いと考えられていることを指摘しておく。

ここまで「個別最適な学び」という枠組みが言うほど簡単には「最適」が定まらないことを示してきた。また、子どもに関する情報を集めて「最適」を探ろうとしているようだが、デジタル化は確率的対応だけが実行されていることを示してきた。このデジタル化の仕掛けをさらに考察していく。

6 デジタル化の風景と不可能性

次に、授業支援アプリの利用による授業の風景の変化とその問題点を指摘する。タブレットPCに備えられたカメラやマイクといった機能とともに、ロイロノート等の授業支援アプリが授業に利用されるようになり、授業の様相が変化してきている。

どんな機能が利用されだしているかに関する調査が公表されるようになっているが（例えば、ベネッセ教育総合研究所『小中学校の学習指導に関する調査２０２１』参照）、多いのは、インターネットを利用した情報収集、話し合いの整理、教材の提示（写真・動画・プリント類）である。教材等の提示は黒板やスクリーンに映す場合も多いが、個々の子どものPCに送る場合もある。そこには見せたい映像を拡大・縮小するといった操作や、子どもの関心に応じて注目の場所を個別に変更できるといったメリットがいくつかある。しかし、これらの機能で授業を置き換えることができると考えるのはまったくの錯誤である。

デジタルによる教材の提示は、二次元映像と音声情報しか送受信できないという原理的な限界を抱えている。教材は、自然や社会あるいは文化そのものとして存在し、モノとしては三次元であり多数の情報を備えている。だがデジタル情報は、モノの大小、重さ、臭い、触感などを消去してしまう。教材としての全体性は縮減されてしまうのである。その分、学習は貧弱化する。ホンモノの教材を提示することの重要さという教育の原則が忘れられると、何とかホンモノを教室に持ち込んできた教師たちの意図も脇に置かれ、貧弱な教育実践が生まれてしまうのである。

あるいは、写真や動画を子どもたち自身が撮影し授業で利用することも広がっているが、その不適切な利用や学校外への流失といった事案も発生している。さらに、これまでの授業であれば、子ども同士の意見交換や感想への書き込みもその場で多くが消えて行ったものが、消えずに保存されていくために新たな問題も生まれている。忘れられる権利、個人情報の保護に係わる事例も生まれはじめているのである。

タブレットPCやデジタルコンテンツの持つ限界、それらの利用による授業の定型化と貧困化の仕掛けについては第2章でも論じる。

感染症の際にかなり広がったオンライン授業についてここに記しておく。オンライン授業は、感染症によって急拡大したが、人の移動を増加させたい産業優先の政治的意向と評判の悪さによって急速に収縮した。不登校や通学に困難を抱える層をのぞいて、オンライン授業は多くの子どもたちに評判が悪い。また、オンライン授業は情報量が削減すること、オンデマンド型授業の場合にはコミュニケーションがとれないこと、アクセス時間の自由度の高さが逆に計画的にアクセスする力を要求されること、これらが重なって多くの子どもに不人気な形態となった。[13] YouTubeは好んで視聴しても、オンライン授業は好まれない。オンライン授業は貧富の差を反映し、学力差を拡大するという研究結果もすでにある。[14] 家の中に適切な学習環境が整っているかどうかで格差を拡大させると考えられている。

もう一つ、オンライン授業が多くの時間を占めていた時期の経験からわかることは、人・モノに触れることができないだけでなく、人・モノに働きかけることができないために、モノや人との関係が希薄になることである。オンラインでも人の存在は認知するが、そのままでは友人関係に至らない。もっとも大きな欠陥は、子どもに応じた教育・授業ができないことである。「令和答申」でさえ、個々の子どものデータを集めて個別に「最適な学習」を提供すると述べているのだが、オンデマンドの場合は特に一つの固定されたデジタル動画に多くがなるため、それができない。一部のデジタル信奉者の中には教師をデジタルに置き換えることで巨大な利益を夢見る議論があるが、デジタルの宣伝ポイントと矛盾するものとなってしまうことも収縮の原因であろう。今後も非常時や遠隔地との連絡手段など一部を除いて、利用されることがしばらくは少ないまま推移すると想定される。

7 「令和の日本型学校教育」に潜む画一化と貧困化

ＩＣＴ化の問題としてのＧＩＧＡスクール構想がもたらす画一化と貧困化を指摘してきたが、ここから後はＩＣＴ化以外の「令和の日本型学校教育」の教育活動に関する方針の抱える問題点を取り上げる。

教育の画一化や学習活動の貧困化をもたらすもう一つの方針が、「幅広い資質・能力の育成に向けた効果的な取組」というスローガンである。いわゆる資質・能力形成の重視という方針の問題である。確かに知識や技能の暗記偏重も間違いなく問題なのだが、だからといって資質や能力形成を前面に掲げるのも大きな誤りを抱えている。現状の取り組み方針は画一化や貧困化をもたらすことになっている。

「令和の答申」の「個別最適な学び」の項目には、「基礎的・基本的な知識・技能等を確実に習得させ、思考力・判断力・表現力等や、自ら学習を調整しながら粘り強く学習に取り組む態度等を育成する」とある。[15] 知識・諸能力・態度と三つを並べている。この三つの関連のさせ方は議論のあるところだが、この表記の部分で見る限りどれかだけを重視しているわけではない。しかし、答申本文もそこにある構造図も重点をどこに置いて説明しているかというと、明らかに「資質・能力」であり、その中の「思考力・表現力・判断力」である。そのことを念のために例示する。これまでに指摘されていることではあるが、「主体的・対話的で深い学び」というスローガンもそれが資質・能力形成に貢献するという信念からである。すでに触れた自己調整学習論の論理が持ち出されているのも、自身の学び戦略を捉え直すスキルを持っていれば、ＶＵＣＡ（不確実・不透明という意味）の時代に有意義だと信じてのことである。

そこで重用されているのが、ジェネリック・スキルである。この用語も各所で見ることになっている。学習活動で格段に多いジェネリック・スキルは、主張とデータと論拠を備えた議論、「思考の可視化」、そして探究過程のステップの三つである。

これらが実際に学校の授業構成のトレンドとなっていることを示す。授業のトレンドを確認するには、国立教育政策研究所の教育課程研究指定校の研究テーマやキーワードを見るのが一つの基本である。[16] これらの指定校は、文科省の意向を汲んだ「実践研究」を実施するからである。その実践の形が時々の流行となる。実際に、近年の動向を見ると、各指定校とも「論理的思考力の形成」がねらいとされる比率が高く、そのための取り組みとして、「事実・主張・理由付けを意識できるフレーム（論証のフレーム）を用いる」、「思考が顕在化する単元の展開や教材及びワークシートの工夫」といった表現が多用され、議論や「思考の可視化」のジェネリック・スキルが取り上げられていることがわかる。三つのジェネリック・スキルに関わりがあると考えられる言葉が集積しているのである。各指定校は、なんとか実践を実り多いものにすべく新しい試みを実践的研究として提示しているが、元々の中心課題への収斂を迫られるために学習活動の定型化の先駆け的な位置におかれがちとなる。

ジェネリック・スキルを意識した実践の基本問題を短く指摘する。

まず「思考の可視化」から取り上げる。これは直接には見えない人の頭の中をマインドマップなどの図表に変換することを指すが、この変換が人の思考を過不足なく変換して言葉や図表に表しているのかというと、実はそうではない。一部を拡張したり、省略することで視覚的に見えるようにしているのである。複雑な抽象的な概念になると、思考の可視化はできない。どうしても単純化させてしまう。すべてが取り出せたと考えるのは間違いなのだが、そうした違いが意識されずに流通している。例えば、ワードクラウド（wordcloud）という文章やテキストから単語の出現頻度にあわせて文字の大きさを変えて視覚化する手法は、言葉の頻度はイメージできるが言葉が用いられた個々のニュアンスはわからない。利用目的を厳密に把握していないと判断を誤る。もちろん、利用の仕方は多様で、可視化されたデータから逆に人の思考の助けに使おうという方向もある。人の思考が具象から抽象へと高度化するように、形を手がかりに物事の抽象的な理解の手助けに使おうという試みであり、助けとなることがなくはない。しかし、そうした手法が、授業支援アプリのメニューとして予め用意されるようになると、可視化されたデータが認識を一定の方向へ誘導してしまう場合もあるのである。こうした誘導効果が一人歩きして授業の定型化・画一化を促し、ひいては子どもの学習活動を単純化・貧困化させてしまうのである。

次に広がっている「ジェネリック・スキル」は、コミュニケーションスキルである。汎用性の高いスキルとして期待が高い。説得的な議論に必要な要素として、主張とデータと論拠あるいは根拠の三つだなどとされる（トゥールミン・モデル、第8章にて詳述）。国語や社会科あるいは理科など授業の中の話し合いに、この三つの要素を意識した話を促し、調査結果の報告を作成する際に、これらの要素を組み込んだプレゼンテーションとなるように指導が展開されている。だが、議論の三要素ばかりを意識しても認識は深まらない。事柄に関する知識やデータを具体的に収集・把握していなければ形ばかりの議論となる。とりわけ、社会的な意見が分かれているテーマの場合、誰が強者で誰が弱者なのか、あるいは歴史的経緯を踏まえていないと、非人道的な議論を生み出しかねない。

最後に、探究学習もしくは問題解決学習のプロセスを定式化し、それぞれの段階に必要な活動を思い描かせ、一定の結論を引き出すための調査活動のステップを辿らせようとする試みについて取り上げる。探究過程のステップは、過去の科学的発見の体験、科学史研究の成果をそれなりに反映している場合もあり、一定の妥当性を持たないわけではない。しかしながら、科学研究は、探究過程のステップ通りに歩むことは少なく、膨大な失敗を積み重ねているものである。教育の場面で科学研究の膨大な失敗を反復させることはできないが、ジェネリック・スキルとしての探究過程のごく一部のステップをお手軽に通過させたのでは学習活動としての単純化を引き起こすだけである。また、探究と言いながら予定された結論に誘導するだけの実践が生まれかねない。反対に、試行錯誤を単に経験させたのでは教師にも子どもにも負担が重くなるだけである。

こうした問題を生み出すのは、ジェネリック・スキルとしての探究のプロセスを優先させるからである。ジェネリック・スキルだけでは何も明らかにならないことを肝に銘じておく必要がある。個別事態・現象に関する具体的知見・データが必須なのである。具体的な物事に応じた学習者による調査や議論が必要なのである。この点を優先しなければ学びは定型化し貧困化する。まして、デジタル映像を見せて終わりにするような軽薄化があってはならない。

ジェネリック・スキルではないが、「個別最適な学び」の学習方式だとして流行させられようとしている「自由進度学習」も子どもの学びを貧困なものにしている。「個別最適な学び」が個別化教育に短絡させられていることを先に見たが、その典型として子どもごとに学習の進め方が異なる「自由進度学習」を位置づけようとする動向がある。子どもに学習を計画させたかのように装い、実際は、取り組むべき課題を子どもの能力ごとに区分して、所定の定型化された課題を解かせる学習活動となっていることがしばしばである。学びの単純化・貧困化をもたらしているわけである。これについては別の章でより詳しく検討する。今後も「個別最適な学び」の亜種が提案されてくるであろうが、原理的な反省的分析が求められる。

教育方法に係わる政策が教師と子どものリアルな活動を拘束すると、形式主義がはびこり、安直な教育実践、貧困な学習活動を生むことになってしまうことを力説しておきたい。

おわりに

教育活動の画一化と学習活動の貧困化を回復していくには、教育方法政策の転換が求められる。すなわち、教科書や教材の選択と授業構成の自由を個々の教師に回復し、最適な教えと学びを探究する時間を保障することがまず前提となる。教師の重い責任にふさわしい権限が必要であり、そのことを通じて教育活動の質が高度化していくのである。

次に、子どもたちに自然や社会や芸術そしてスポーツの真性の体験を可能な限り保障することを優先した教育課程に改編する方向に舵を切ることが大切となる。デジタル化された世界で済ませてはならないだろう。

最後に、デジタル機器やデジタルコンテンツは絶えず教育に入り込んで来るであろうが、産業の必要ではなく、子どもの学びの必要、教える営みの観点を優先した議論が求められる。以上の三つの方向を確認していく必要がある。

註

（1）子安潤『画一化する授業からの自律』学文社、２０２１年。

（2）中央教育審議会「『令和の日本型学校教育』の構築を目指して～全ての子供たちの可能性を引き出す、個別最適な学びと、協働的な学びの実現～（答申）」２０２１年。https://www.mext.go.jp/content/

20210126-mxt_syoto02-000012321_2-4.pdf

（3）例えば、厚生労働省は「ポスト工業社会の働き方」という報告書において「教育の多元化を図」るとしている。さらに細々と方策を練っているのは経済産業省である。産業構造審議会教育イノベーション小委員会「中間とりまとめ」２０２２年９月。https://www.meti.go.jp/shingikAI/sankoshin/shomu_ryutsu/kyoiku_innovation/pdf/20220922_1.pdf

（4）内閣府「第５期科学技術基本計画」２０１６年。https://www8.cao.go.jp/cstp/kihonkeikaku/5honbun.pdf

（5）「TOYOTA WOVEN CITY」https://www.woven-city.global/jpn

（6）文部科学省「新時代の学びを支える先端技術活用推進方策（最終まとめ）」２０１９年。https://www.mext.go.jp/component/a_menu/other/detail/__icsFiles/afieldfile/2019/06/24/1418387_01.pdf

（7）文部科学省「令和４年度学校における教育の情報化の実態等に関する調査結果（概要）」（全国の小中高等学校特別支援学校対象に行った調査。調査基準日は２０２３年３月１日）。https://www.mext.go.jp/content/20231031-mxt_jogai01-000030617_1.pdf

（8）以下は図の注である。※文部科学省「教員のＩＣＴ活用指導力チェックリストの改訂等に関する検討会」において、平成30年度に取りまとめられた4つの大項目（A～D）と16の小項目（A1～D4）からなるチェックリストに基づき、令和3年度において授業を担当している教員が自己評価を行う形で調査を行った。※16の小項目（A1～D4）ごとに「できる」「ややできる」「あまりできない」「まったくできない」の4段階評価を行い、「できる」若しくは「ややできる」と回答した教員の割合を、大項目（A～D）ごとに平均して算出した値。

（9）「『令和の日本型学校教育』の構築を目指して（答申）【概要】」https://www.mext.go.jp/content/20210126-mxt_syoto02-000012321_1-4.pdf

（10）浅井幸子「中教審審議とその問題点」『「令和の日本型」教育と教師』学文社、２０２３年、15頁。

（11）浜田博文「『令和の日本型学校教育』論議と日本教師教育学会」『「令和の日本型」教育と教師』学文社、２０２３年、2頁。

（12）伊藤崇達『自己調整学習の成立過程』北大路書房、２００９年。バリー・J・ジマーマン、ディル・H・シャンク『自己調整学習の理論』北大路書房、２００６年参照。

（13）感染症で休校中の子どもの６割が生活習慣の乱れ、家庭でのオンライン授業では学習が成立しにくいとする小学生の調査結果などがある。ベネッセ教育総合研究所「幼児・小学生の生活に対する新型コロナウイルス感染症の影響調査」２０２０年5月実施。https://berd.benesse.jp/up_images/research/COVID19_research_digest_1217_2.pdf

（14）最近公表された資料としては、ユネスコのレポートがある。世界教育モニタリング報告書２０２３「教育におけるテクノロジー：誰の条件に応じたツール？」(Global education monitoring report summary, 2023: technology in education: a tool on whose terms?)

（15）前掲註（2）

（16）「令和３年度国立教育政策研究所教育課程研究指定校事業『研究指定校等の研究の特徴』」https://www.nier.go.jp/kaihatsu/pdf/shiteiko-tokuchou.pdf

第2章 デジタル化による教育課程と教育方法の支配の仕組み

はじめに

書店の教育書コーナーには、ＧＩＧＡスクールに対応させて授業でタブレットＰＣをどのように使うかに関するアイデア本やマニュアル本が並ぶ。とても便利で素晴らしい教育ができあがるかのような文言がタイトルや帯に並ぶ。ＧＩＧＡスクールのファンダム（熱狂的ファン文化）が存在するかのような一角ができあがっている。

ともかくそれらの言説は本当だろうか。それほど素晴らしいだろうか。はるかに限定的な有効性しかないのではないか。そのまなざしから、タブレットＰＣとりわけデジタルコンテンツの特質、それらの抱える画一化・単純化の仕掛けをより詳しく論じる中で問題点を指摘し、批判を試みる。

まず、これまでの授業の一般的な有り様とその場合の統制の仕組みを先に示す。そのことで、従来通りの統制が残り続けつつ、新たにデジタル化による統制の仕方が加わり、そこに生まれつつある変化の様相を特徴として浮き上がらせたい。教育統制の新たな仕組みの強調点は、従来の統制と教育のデジタル化とが絡み合うと、画一化・単純化がさらに進み、教育活動と学習活動を残念なことに貧困化させることである。

次いで、「教育のＤＸ」として紹介されている利用法を取り上げ、教育実践として優れた構成と言えるのかどうかを検討する。そのことで、教育のデジタル化やタブレットＰＣの使用がメリットと宣伝されているが、実際はずっと限定的であり、むしろデメリットを発生させていることをデジタルコンテンツの仕組みに即して提示する。

本章は元々、デジタル化による教育課程と教育方法の支配の仕組みと問題については、日本教育政策学会第29回大会の課題研究において報告することになってまとめたものだったが、強調点を中心に加筆したために最初の形が大幅に変わり、原型をほぼとどめていない。ただ、後半の部分の議論の運びは生かすこととした。[1] ただし、日本教育政策学会における報告では、デジタルシステムの一つであるログの産出とログを用いた個人情報の取得の問題も取り上げて報告したが、ここではログによる教師と子どもの活動の統制問題に論及するだけにとどめる。学習記録としてのログだけでなく、多面的に個人情報を集積する構想の問題については、第３章に委ねることとする。

1　これまでの教育活動の統制

学校と教師の教育活動をこれまで直接に強く統制してきたのは、まずは学習指導要領であり、その枠組みに従って作成される教科書であった。学習指導要領を丹念に読む教師は少なく、教育実践の統制に実質的な影響を与えるのは、検定教科書とその使用を強制する仕組みであった。したがって、教科書検定を通じて、教科書教材とその授業における取り上げ方を統制するルートが国家による授業統制の基本となってきた。現在もその枠組みが大きな力で作用し続けている。

もう一つ大きな影響力を持つ仕組みが実は存在している。それは、地域的な公式・非公式の教師間関係を通じて継承される教育や授業の進め方の統制である。代表的なものは、全国にある地域単位あるいは地域の教科単位等の研究会、教育委員会に公認された研修や研究会である。その開催と準備を通じて、教科書の使い方や授業のつくり方、子どもとの向き合い方が継承されてきた。貴重な先達の教育実践が継承される場でもあるが、特定の教育の型を強いることも同時に存在してきた。これらが教員組織のヒエラルヒーとつながっていることもあって、教育・授業の有り様を枠付け統制してきた。

より具体的に教科書の作成と使用を巡る統制の姿を示す(2)。

日本の教科書は、まず作成段階では、学習指導要領の記述内容に教科書の教材やその表現が対応しているかでチェックされる。教科書を発行する会社は、忖度を含めて学習指導要領を踏まえた記述を志向する。仮に検定意見がついた場合は教科書記述を修正することで『検定合格』を得つつ、その枠内で教科書に独自性を出そうとする。教材の選択や教科書記述には、統制が比較的ゆるやかな部分と厳しいまなざしが送られる部分とがある。記述の正誤がチェックされるのは当然だが、正誤が必ずしも確定していない事柄や複数の見解が社会的に存在している場合、あるいは領土問題など外交や政治問題化した論点に係わる記述は、日本の政権側のまなざしからの記述となることがしばしば発生してきた。複数の見解がある場合、イギリスやドイツなどは複数の見解を取り上げていくことを原則にしているが[3]、日本の教科書づくりでは政治的な力関係が作用しているとしか見えないことが多々ある。こうしたことが国家による教科書統制の根幹にある。

教科書の採択と使用の局面に話を進める。検定教科書の採択は地区単位で決められていく。公立の小中学校の場合、個々の教師に採択権限がない。これも先進国の中では少数派の国家である。検定教科書であってもいくらか違いがあり、その違いや採択の慣行などが影響して各教科1社の教科書が採択されていく。学校と教師は採択地区が決めた教科書を使用することになる。実際の授業での使用の圧力は、教育委員会等を通じて法律を盾にとる言い回しが一般的にはなされる。教科書の歴史に触れておくと、120年以上前、1903年に公布された改正小学校令の中に「小学校ノ教科書ハ文部大臣ノ検定シタルモノニ限ルヘシ」（第13条）と規定されて日本は国定教科書という不幸な統制が敗戦直後まで続く。これを不幸と呼ぶのは、思想統制の手段の一つと位置づけられていたこと、教科書が虚偽の内容で満たされていたことによる。敗戦後は、教科書検定制度に衣替えしたが、学校教育法（1947年）第34条「小学校においては、文部科学大臣の検定を経た教科用図書又は文部科学省が著作の名義を有する教科用図書を使用しなければならない」という規定を持ち出して、「教科書には使用義務がある」と語られる。しかし、それは正確ではない。同じ条文に「教科用図書及び第二項に規定する教材以外の教材で、有益適切なものは、これを使用することができる」とある。実際、教科書しか使わない教師などいないのである。副読本であれプリント資料であれ、実物教材であれ教室にあれこれと持ち込んでくるものなのである。教師たちの自主的な教材研究による授業や自主的な実践研究を通じた提案が行われ、教科書よりもよくわかる教材や授業構成が生み出されてきたのである。そうした研究や工夫が全国で展開されることで、行政を通じた統制とのせめぎ合いが展開され、国家による統制で教育と授業がすべて覆われてしまうことはなかった。

ただ、それでも「上から」の統制を貫徹させようとする仕組みが、先に指摘したように、地域的な研修・研究会を通じて教室に入り込んできた。ローカルな組織は、指導案の形式や授業展開など極めて具体的で、強い影響力を持っている。しかし、個々の教育実践は、個々の教師に担われてはじめて現実化する。だから、従来の統制は、個別の教師の局面では多様な教材と授業展開が生まれた。実際、教材を自前で用意せずに教育活動を進めることはできなかった。地域の教材、子どもの実情を考えずに教育というものは、成立しようがなかった。

もう一つ、教室や授業風景をつくり出してきたものがある。前述の教材の国家統制や地域的な教育活動の統制とは違うレベルからの作用である。普段は自明すぎて意識されないが、近代の学校の教育活動や授業の形からの作用である。それらは、近代社会の仕組みや生活スタイルを背景に構築された側面と、人の教えと学びの必然とが組み合わされて形成された側面とがある。その形が慣習化され各地で見られる教室風景を誕生させてきた。世界にはさまざまな教育が存在するが、その大半は学級教授という同一年齢の子どもを集めて、一斉・小集団・個別の三つの学習形態を組みあわせて進める点で共通性が高い。学習活動は、教科書を読んだり、ノートに書いたり、現実にあるものを見たり、体験的な活動や話し合い・討論、制作的な活動を織り込んで進められる。教室には、机と椅子に、黒板にノートに筆記用具等が置かれてきた。その後、テレビが設置され、次に実物投影機が据えられるようになった。

こうした学習形態と学習活動、それに教材と教具のそれぞれの特性が教育の形を枠付けてきた。それぞれの存在を前提に教育活動のよりよい展開の仕方、教材と教具のよりよい使い方について多様な研究が積み上げられてきた。そこにＰＤＣＡサイクルという経営学の労働管理システムを持ち込む教育基本法の改定によって、教育のスタンダード制定運動が21世紀初頭から進められた。その後にＰＣとデジタルコンテンツ類が新たに配付されたのである。

これらＩＣＴ機器が従来の学級教授の様式を変えるという言説もあるが、はたしてよい方向に教育を変えるだろうか？　確かにできなかったことが一部できるようになることがあるだろう。

しかしそれはごく一部ではないか。本書は、むしろ、教育活動と学習活動を貧しくする可能性を抱えているのではないかという観点から議論する。それが定型化(画一化)と貧困化である。

ところで、定型化(画一化)と貧困化には社会状況的な側面と教育実践的な側面の二つがある。社会状況的側面については、ここにわずかに論及するにとどめ、主として教育実践に直接影響する方法学的な観点から検討する。社会状況的な変化については、教育実践記録本から読み取れる教師の変化で指摘しておく。教育実践記録がたくさん刊行されたのは、1950年代~70年代である。それらの著作を見ると、社会状況の現在との違いが見える。当時の若い教師は多様な試みをしていた。あの有名な「やまびこ学校」(青銅社、1951年)は無着成恭が22歳頃の記録である。70年代に学習集団研究会に所属した田中実の「新米教師奮戦記」(一光社、1977年)は30歳で刊行されている。これらの実践に関する先行研究とも付き合わせると、統制と統制に対抗する教育活動・運動が存在し、授業構成に学校や教師ごとに違いと同じがさまざまに組み合わさった形で存在していたことが読み取れる。(4) こうした教師と学校の状況が変化し、統制が強化されてきたのである。政治的対立に基づく統制は、次第に社会的事項から教育の内的事項へと拡大してきたと見ることもできるだろうし、自由を求める対象領域が拡大したとも捉えられる。

2　デジタル化による教育活動の新たな統制

そして今、こうした教育活動の統制は、従来からの統制を残しつつ、新たな形を刻みはじめた。統制の仕方がより直接的かつ細部の教育活動に及び、それがデジタル化されるようになったのである。例えば、教材としての教科書だったものが、２０１１年度使用分から教師の教育活動・子どもの学習活動を書き込んだ教科書となった。[5] これがさらに、小中学生全員に配布されたPCを利用するデジタル教科書、デジタルコンテンツは、教師と子どもの活動への指示を細かくプログラムしたものとなったのである。こうなると教師と子どもの活動は、どの地域のどの学級でも同じになる可能性を格段に高めた。それぞれの地域や子どもの応答に即した教育・学習活動が失われる危険を高めた。教科書通りの教育課程は言うに及ばず、個々の授業進行も強く拘束することになってきている。

奇妙なことにデジタル教科書やデジタルコンテンツの導入が「個別最適な学び」を実現すると標榜しているが、実際には統制の強化・画一化という側面を持つことになった。なぜそんなことになるのか。

授業の進行が教科書に書き込まれると、本来それらは参考に過ぎないにもかかわらず、教師の多忙と統制への馴化と連動して、その指示に依存・従属する確率が格段に高まり、授業が画一化してしまうのである。デジタル教科書・デジタルコンテンツの利用が画一化に振れる第一の理由は、それらが教育委員会単位の採用によって配付される場合が多いという従来からの行政上の統制要因がある。上意下達の構造のためである。第二に、デジタル教科書に記された課題や授業進行はクリック一つで進んでしまうからである。また、デジタルコンテンツの多くは個々の子どもにドリルを解かせるタイプだが、一見すると子どもの回答に応じて次の課題を提出しているように見え、「個別最適な学び」を実施していると錯誤させるためである。新しい動向に対応しているように見せてくれるのである。第三に、デジタルドリル類は正誤が自動的に判定されるために、手間が省けるからである。

しかし、これは、「個別最適な学び」というスローガンの言葉を文字通りに考えると、個別最適な学びではないことがわかる。現在のデジタルコンテンツは、機械学習で言うところの「教師あり学習」であり、正しい回答が定まっているからである。(6) また、AIを利用していると言っても、実際は難易度の違う問題を子どもの解答に応じて数パターン提出しているに過ぎない。子どもへの説明も、個々の子どもの誤答の原因を読み取ってそれに応じて変えることはできないからである。したがって、子どもの理解度に応じた問題を提出しているわけでもないし、説明をするわけでもない。実際は、デジタルドリルを例に言えば、プログラム設計者の教科内容理解とドリル観にしたがって設計されているだけなのである。「個別最適」というにはあまりに類型的な練習問題が提出されている現実がある。現在の仕組みにおいて、パターンをどれほど増やそうと原理的に「個別最適」な出題とはならず、確率的推定の域を超えることはないのである。

ＩＣＴ化のスローガンと実態が乖離するのは、デジタルコンテンツの構成システムの問題だけでなく、タブレットＰＣの普及とその利用推進を急ぐ産業優先の政策のために、教育活動にとっての必要性や妥当性の検討が置き去りにされた結果である。とりわけ深刻な問題は、個々の教師による教材選択、授業構成の自由度がこれまで以上に低下し、授業の画一化の度合いを高めていることである。

3　ＰＣとデジタルの利用による画一化と貧困化の様相と問題点

（1）導入されたデジタルアプリとデジタル教材

ＧＩＧＡスクールの授業では、当然ながらタブレットＰＣが利用されるようになった。しかも授業で目にする利用法は型にはまったように類似している。利用の仕方の定型が生まれている。そうなるのは、社会的力関係としての文科省を頂点とする行政系列の研修の影響がまずある。文科省のサイトに「学習場面に応じたＩＣＴ活用事例」が絵入りで紹介され、それとほぼ同様の利用が各地で紹介されている。[7]経済産業省のサイトにも類似のモノが紹介されている。[8]利用の仕方の一覧を表にすると次のようになる。

ここに紹介されたものをそのまま真似させる力が作動している。

しかし、そればかりでなく、授業が定型化・画一化するのは、ＰＣの機能とアプリケーショ

図表2-1　授業のＩＣＴ活用例

一斉学習	挿絵や写真の拡大・縮小、教材画面への書き込み
個別学習	一人ひとりの習熟に応じた学習、ネットによる情報検索、写真・動画記録、マルチメディアによる表現・制作、ＰＣを持ち帰っての家庭学習
協働学習	グループ・学級での発表・話し合い、複数の意見の整理、協働制作、遠隔地・海外との交流

ン等のシステム上の特性がある。実際に利用されているアプリケーション等の仕組みの観点からさらに見ていく。

学校で利用されるタブレットＰＣには、三つのタイプのデジタルアプリもしくはデジタルコンテンツがある。それぞれのシステム・機能に起因する限界をわきまえずに利用すると、授業は画一化し、低水準の教育活動・貧困な学習活動を引き起こしてしまう。教育活動用に利用されているデジタルアプリは、次の三タイプである。

タブレットＰＣで広く世間で使用されている「一般のアプリケーション」である。具体的には、文書作成アプリ類やＷｅｂブラウザソフトウェア、カメラあるいはネット会議用アプリの類である。これらの利用頻度は比較的高い。学校用のインターネット検索にはアクセス先制限がかけられていることもあるが、教育専用というわけではなく、一般に利用されているものと同一のものが導入されている。

二番目三番目の類型は、学校教育で利用することを眼目に開発された教育独自のものである。二つ目は、学校での利用を念頭においた「授業支援アプリケーション」の類いである。授業の際にタブレットＰＣで使う「授業支援アプリケーション」の例として、商品名を上げるとロイロノート・スクール、SKYMENU Cloud、MetaMoji ClassRoom、ミライシード、Google for Education、Microsoft Teamsなど多数ある。これらのアプリには、教材の提示やシンキングツール、グループ共有、ノート等多様な機能を備え、授業のデジタル「教具」として利用されている。

三つ目の教育独自のコンテンツとしては、一群の「デジタル教材」がある。デジタル教科書やデジタルドリルがその代表である。ほとんどの教科書会社は、紙の教科書とともに小中学校用にデジタル教科書を作成している。それをすべての教科というわけではないが、子どもにも配信している地域・学校が半数近くになっている。子どもにデジタル教科書を配信していないとしても、教師にはデジタル教科書や指導者用デジタル教科書を配っている学校・自治体が大部分となっている。文科省の２０２３年３月時点の調査によれば、指導者用デジタル教科書の整備率は87・３％に上る(9)。さらにそれらとは別に、教育産業が個別単元の指導案アプリや単元ごとのデジタルドリルを多様に開発・販売している。これらが、授業の定型化を最も促進する媒体となっている。かつての紙の教師用指導書とは比較にならないほど授業の定型化を進めるというのは授業の進行がそこに記され、必要な資料がファイルやリンク先として明示されているために、授業の定型化を強く促進していくのである。実際に利用されるデジタルアプリは時間の推移とともに変化するだろうが、機能の大枠はしばらく続き、定型化を推し進め続けるであろう。

以上の三タイプのデジタルコンテンツとともにタブレットＰＣが利用されている。それぞれのデジタルコンテンツは、教育における利用の仕方を制約することになる。一般のオンラインアプリ類、授業支援ソフト、デジタル教材の三つを使った授業づくりの考え方や授業における使用圧力と、デジタルコンテンツの機能特性に限界や方向性があるためである。特に後者二つが引き起こす画一化と授業の貧困化の仕組みをさらに検討する。

(2) WEBブラウザ・授業支援アプリによる画一化と貧困化作用

ベネッセ教育総合研究所「小中高校の学習指導に関する調査2023」より[10]、なぜ、二つが定型化と貧困化に導くのかを見ていく。

タブレットPCを導入するとWEBブラウザと何らかの授業支援アプリケーションが導入される。これらは、教育方法学的まなざしから見れば、学習のための道具であることから「教具」に該当する。ただ、これまでの「教具」と異なる点を持つ。先に違いだけを記しておくと、そこに見えない指示や情報が内包され、それらが統制されていることである。

WEBブラウザ類と授業支援アプリケーションは機能の類似性から似た問題点を有している。以前からWEBブラウザについて指摘されてきた問題は、子どもらがネット情報の真偽を吟味できないこと、フィッシングの危険、子どもによる学習以外の利用などであった。デジタルシチズンシップの観点からの警告であった。今回問題化するのは、一部重複するが、それらとは別の角度からの問題である。

図表2-2　教員のICT機器の活用内容（経年比較）

Q あなたは、ICT 機器を活用して、次のような学習指導(14 項目)をどれくらい行っていますか。

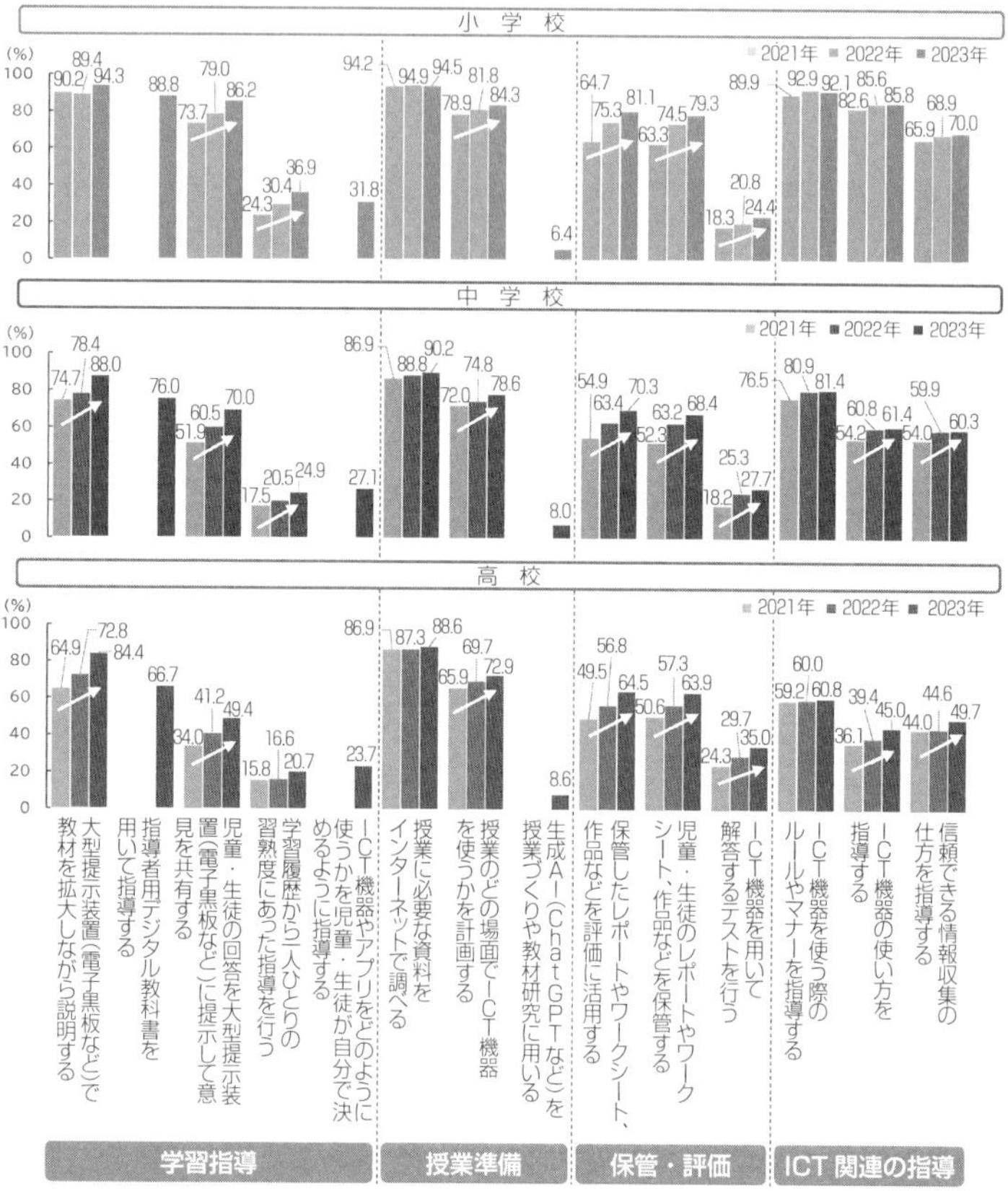

※「あなた（教員）が ICT 機器を使って指導すること」の頻度を尋ねた質問（p.10）に「毎回の授業」～「1 割未満の授業」と回答した教員のみの回答。
※「指導者用デジタル教科書を用いて指導する」「ICT 機器やアプリをどのように使うかを児童・生徒が自分で決めるように指導する」
「生成 AI(ChatGPT など)を授業づくりや教材研究に用いる」は 2021 年、2022 年は尋ねていない。
※ 項目中の「大型提示装置(電子黒板など)」は、2021 年、2022 年は「電子黒板など」としている。
※「よく行っている」+「ときどき行っている」の%。

出所）ベネッセ教育総合研究所「「小中高校の学習指導に関する調査2023」ダイジェスト版」p.12

小中高校でどの機能がどの程度利用されているのかの調査結果から見てみよう。学びとの関係で指摘しておかなければならないのは、WEBブラウザの利用で一番多いインターネット検索に係わる問題である。現実の本物の調査ではなくて、ネット上の情報で済ませてしまう貧困な学習活動を生む問題がある。これはWEBブラウザの問題ではなくて、それを使う人間の問題だが、個々の教師や個々の子どもの問題に還元できない性格の問題なのである。学校で使う場合、WEBブラウザは教具だが、その使い方や入手する情報が強く統制されている。デジタル教科書等にアクセスするサイトやファイルが指示されているからである。教具としての単なる黒板やプロジェクターとは異なるのである。子どもが自主的にアクセスしたようで、実は子どもが自主的に選択したのではない。指定されたネット上の情報検索を行っているのである。その意味で教育現場のブラウザの不可能性と言えなくもない。

子どもたちは、頻繁にネット検索を行う。学校の宿題の漢字や英語の辞書など、探究課題の検索もしばしば行って、その結果を報告書にペーストして終わりにすることが多くなり、調べることによる学びの意味は完全に変質している。さらに、ネット検索は便利ではあるが、情報の真偽を問わないままにカットアンドペーストで情報をまとめてわかったつもりになる問題点も指摘されている。リアル調査の場合も、資料の丸写しは存在した。しかし、デジタルアプリでは、丸写しをはるかに容易にし、中身を読まなくても報告書ができあがる。サイト情報をコピーするだけの学習習慣を生みだし、学習活動の貧困化を促進してしまっている。

授業支援アプリケーションの操作として多いとされる「教材の提示」機能も教材等を縮減して提示することしかできない制約を持っている。授業支援アプリケーションで利用される頻度が高い「教材の提示」において、本物を示すことができない欠陥を有している。検索したデジタル情報を提示する割合が高まれば高まるほど、リアルな教材に触れる割合が減少し、学習活動を貧弱化させるのである。教師の報告によれば、現地見学に行ったとしても、撮影した写真ばかりを話題にしてそこに居た人の話がかすむことがしばしば発生するという。

さらに授業支援アプリケーションの問題点を見ていく。授業で使う可能性の高い機能には以下のメニューがある。

・資料の提示と配付・カードの配付と回収・教科別授業の部屋・教科別ノート・回答の共有と比較・シンキングツール・振り返り等のメモ・連絡版・図形描画・デジタルドリルとの連携等・ログインと利用者情報等

個々の授業支援アプリケーションに機能の差はあっても、教材の提示についで子どもによる回答、回答の回収と返却が利用メニューとして多いとされる。教材の提示も含めて資料の配付は、紙の配付と違って瞬時に終わるメリットがある。だが弱点もある。手書き入力機能はついているることが多いものの、子どもの書き込みへの画面上の反応にズレが生じるため、複雑な書き込みには適さないなどデメリットがある。キーボード入力も可能だが、低学年には適さない。文字を書く活動の減少を危惧する見地もある。こうしたいくつかの原因が複合して、授業では基本となる書き込み用に紙のシートを同時に配ることも多い。

さて、「授業支援アプリケーション」がなぜ画一化と学習活動の貧困化をもたらすのか。これまでの行論からもわかるように、何よりも使用法が統制されていることが第一の理由である。第二に、デジタルであるが故に、ごく一部の教材しか配信できない原理的な欠陥があるからである。教材を何でも配信できるし、従来の教材をデジタルに置き換え可能だと思い込んでいる人々がいるが、それはまったくの誤りである。教材は本来学ぶ対象となるものであり、これに触れたり働きかけることで学びが成立していく。植物に触れ、育て、切り刻んで植物のことを理解していく。だから本物に勝る教材はないのである。他方、授業支援アプリケーションを媒体とした教材の提示・配信は、音声と画像・動画しか提示できない。だから、授業支援アプリケーションで提示できるものは一部だけであることを強調しておきたい。感触や匂いなどは全く提示できない。

これまでも教室に持ち込めず、写真や動画で済ませていたものがある。それらだけなら置き換えによる貧困化の程度が軽い。軽いというのは、デジタル写真はリアル写真よりさらに本物から遠くなるが、すでに本物でないからである。従来の実物大の写真の提示とデジタル教材の提示は似ているようで違う。リアル写真がタブレットＰＣを経由するだけで貧困化するのは、いつでもタブレットＰＣの画面サイズに縮小されて表示されるからである。スクリーンに拡大表示した場合も、画面上の拡大と実物大とで異なるだけでなく、本当のサイズがわかりづらくなるためである。こうした違いをわきまえないと、気づかないうちに学習を貧困化させていくのである。また社会的には、デジタルで簡単に提示可能とみなされ、実物が提示できるにもかかわらず、デジタル教材で間に合わせる利用が増加させられている現実がある。

次に、話し合い活動が重視されるようになった動向と係わって、授業支援アプリケーションを利用したオンラインによるグループ活動を検討する。これもメリットがなくはない。グループ編成なども簡単にできることをメリットに挙げることもできなくはない。リアルなグループを編成しておいてそれをオンラインのグループ活動とすることもできるし、人それ自体を移動させずにその場で編成することもできなくはない。現実の学校の授業では、オンラインによるグループ学習は減少している。グループのメンバーを近くに集めて教材をタブレットに表示し、それを囲んで話し合う形が比較的多い。これはグループの共通の黒板として使う形である。コメントをそれぞれのメンバーから付けることが行われている。コミュニケーションが行われているように見えるが、その量が減少するという報告を教師から聞く。書き込む行為がはさまる所為か記録が残る所為か断定できないが、注目すべき指摘と言えよう。ともかく感染症などのやむを得ない状況の場合にメリットがあるというのが肯定できる機能であろう。

ただ、完全にオンラインでタブレットへの書き込みや話し合いを実施した場合には、理由がよりはっきりしている。オンライン上のやり取りにはコミュニケーションの量がやはり減少するという。人間関係にワンクッションが生まれ、リアルな身体をもった交流と声だけや文字だけでの交流になるためと考えられる。人は近くにいるように見えて、人ではなく画面を見ながらのコミュニケーションという風景を思い描くと奇妙さが見えるであろう。リアルの場合の身体全体から伝わる発言のニュアンスが削減されることで、コミュニケーションの不安を生むと考えられる。また、通常のコミュニケーションではその場で消えていく発言が残ってしまうこともやり取りの減少を生むと考えられる。録画機能や書き込みログとして残ることで、間違いや誤った表現が消えてくれないからである。話し合いの記録や書き込み記録がログとして保存されていくシステムが意識されるようになる中学生ともなると、このログ記録も活動を沈滞させる要因と考えられる。この点の調査はまだ十分ではないが、リアルとオンライン上のグループとの違いも意識しておくべき事柄である。

関連して、教師がすべてのグループの活動を教室空間でリアルに摑むのと、オンラインを通じてタブレット上で把握するのとでは違いがあることも教育活動に影響を与えると推測される。授業支援アプリケーションは通常すべてのグループが共有している画像それぞれを見ることができる。だが、基本的に教師が選択したグループの音声だけが聞こえるため、全体のグループの活動状況は把握しにくくなるからである。教室の中で、タブレットを使った学習の場合にも、子どもたちの学習状況は摑みにくくなる。操作結果は記録が残るが、操作の仕方が見えないからである。

なお、小学校ではことのほか、タブレットPCを用いた話し合いとしての書き込みは困難度が高い。すでに触れたように低中学年の場合は特に文字入力のハードルが高い。キーボード入力をトレーニングさせる教師も一部いるが、それよりは教科書やノート等に手で書き込む方が一般的には自由度が高い。高学年から中学生になると入力の技量は向上するが、書き込みに単語だけが増えて、文章による書き込みが少なくなるという報告も聞く。

このように見てくると、「授業支援アプリケーション」は、一方で、従来の黒板やノート、配付プリント、プロジェクターの個人版的機能を持った教具であることがわかる。しかし、リアルなそれと同じではなく、三つの制約を持っていることがわかる。映し出す情報や使用法が強く統制されていることが一つ。さらに、教材に関する感覚と情報を削減させ、授業におけるコミュニーション量や対人関係に係わる情報量を削減し、子どもの学習状況を見えにくくする点が二つ。その結果として学習対象と学習者の関係、学習者同士の関係、教師と学習者の関係を薄くすることが三つ目の制約である。こうした側面を意識することなく代替すると、使い方の画一化ばかりでなく、学習活動の貧困化をもたらすのである。

(3) デジタル教材による画一化と貧困化

デジタル教材の配布は、授業支援アプリなどよりも格段に授業の画一化と貧困化をもたらす。

デジタル教材には二つあると先に述べた。一つは、教育産業が学校や学習塾などに配信し始めているデジタルドリルである。教育委員会単位あるいは学校単位で契約しているところが多い。使い方は、授業の中で随時起動する学校、家庭学習や宿題の一つとして位置づけて利用している学校もある。利用の促進を強いる力が作動している地域もあると聞く。デジタルドリルは、回答をすると自動的に正誤判定が表示され、正解や解き方を短く画面に表示するものが多い。教師がいちいち採点しなくて済むことをメリットと考える人と場合がある。

だが、これにも大きなデメリットがある。繰り返すが、機械的な採点のため、子どもがなぜ誤答したのか、な

図表2-3　指導者用・学習者用デジタル教科書整備率

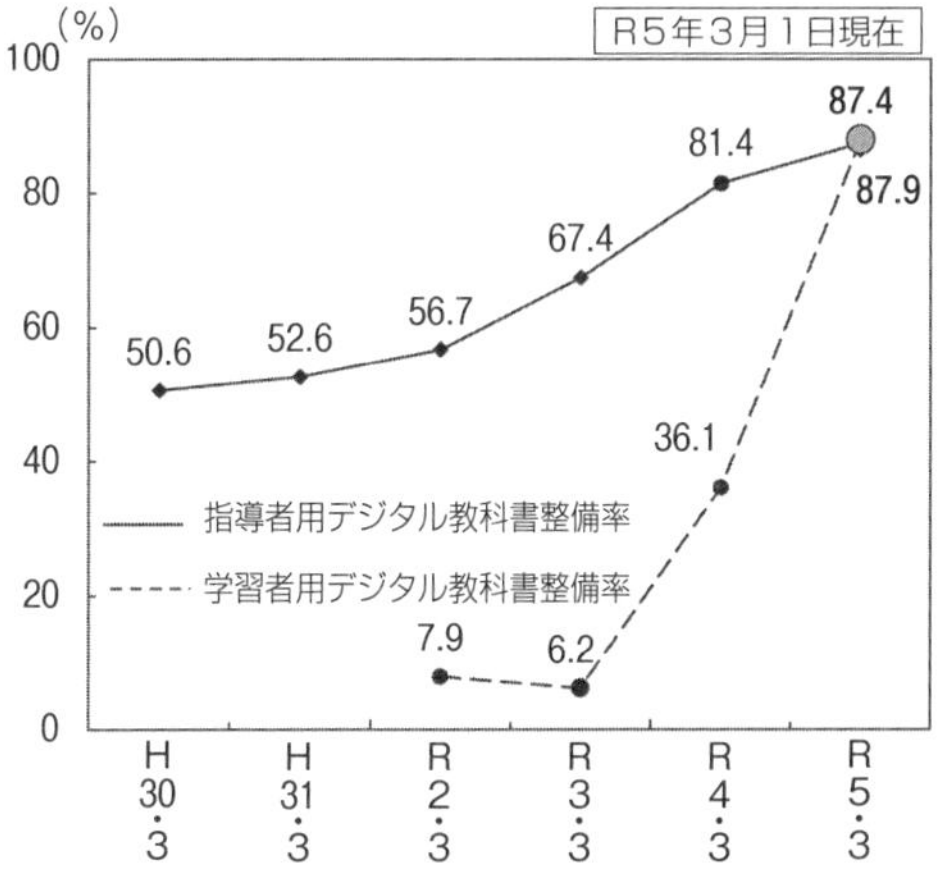

※ここでいう「指導者用デジタル教科書」は、令和５年３月１日現在で学校で使用している教科書に準拠し、教員が大型提示装置等を用いて児童生徒への指導用に活用するデジタルコンテンツ（教職員等が授業のため自ら編集・加工したものを除く）をいう。
※ここでいう「学習者用デジタル教科書」は、紙の教科書の内容を全て記載し、教育課程の一部または全部において、学校で使用している紙の教科書に代えて児童生徒が使用できるものをいう。
※教科や学年を問わず１種類でも指導者用・学習者用デジタル教科書を使用していれば、整備していることとする。
※文部科学省から配布されている「Hi, friends!」「We Can!」「Let' s Try!」はカウントしていない。

出所）文部科学省「令和４年度学校における教育の情報化の実態等に関する調査結果（概要）（令和５年３月１日現在）〔確定値〕」p.7

ぜ正答となったのかがわからないのである。デジタルドリルは、予め正答とされた解を選択したかどうかで機械的に反応してくるだけである。教師が機械判定に委ねておいたとしても、もちろん後で子どもの誤答した問題と得点を見てチェックはできる。だが、回答プロセスを教師はほとんどわからない。子どもが回答に取り組んだ日時と回答に要した時間がつかめる程度だ。

二つ目のデジタル教材は、デジタル教科書とそのリンク資料等のファイルである。デジタル教科書や指導者用デジタル教科書も一部の教科ではあるが、利用されるようになった[11]。

これまでの論述でも示唆してきたが、デジタル教科書は、近年の紙の教科書と同じく授業を画一化させる要素と、紙とは比較にならないほどに画一化を拡大させる要素とがある。

従来から教科書は強く統制されてきた。その統制が、2008年の学習指導要領の改訂以後に一層細かくなったのである。教科書自体に発問の仕方、基本的な学習の流れ、子どもの学習活動を指示する記述が激増したのである。個々の教師の教育活動への示唆が増え、子どもの学習活動についても論述が拡大したのである。

この変化が、デジタル教科書も当然そのまま記載されている。このことが画一化を招く根底にある。便利さを装っているが[12]、教育統制として機能してしまうのである。

デジタル教科書になると、単に同じものが記載されているということにはならない。一層の画一化を促進するのである。例えば、教科書にある教材関連のリンクの意味が違ってくる。デジタル教科書のQRコード等のリンクの持つ意味が比較にならないほど大きい。リンクの明示は、デジタルのアクセスを格段に容易にする。他を検索してはいけないというわけではないが、自分で検索する自由を事実上相当程度奪う。そこで得る情報もリンク先に記されたものに限定されることになる。情報統制と近似することになる。

さらに指導者用デジタル教科書は、教科書会社が動画やアニメーション、授業スライドなどを用意していることが多く、それらが画一化を促進する。教科書発行会社のＨＰには、さらに詳しい教科書関連の授業構成や教材あるいは関連情報先のリンクの一覧が用意されていることが多い。授業づくりの参考や便宜のために備えたつもりだろうが、結果的に授業の画一化を強く促進する。こうして、画一化の仕掛けがより詳細になり、授業の準備が具体的かつ簡単に終了するようになってしまっているのである。

多忙な教師あるいは統制に安易に従う教師ほど、これらに依存する確率が高くならざるを得ないのである。

4 学習ログと評定と管理・監視

教育のデジタル化は、教育活動と学習活動の評価・評定問題とも連動している。授業支援アプリやデジタルコンテンツは、子どもと教師の活動をログとして保存する。それらデータは、単に収集されているわけではなくて、子どもと教師の活動の改善に役立てるという表の目的と同時に、子どもと教師の評定あるいは管理・監視と連動している。その研究と実験・実践が始まっている。

子どもの活動の記録は、学習ログと呼ぶことが多いが、行政・教育産業に現状ではほぼ無制限に蓄積されていっている。元々ＰＣの利用は、そこに痕跡を残していくシステムとなっている。このログを辿ると、誰がどのようにＰＣを利用したかがわかる。利用実態が容易に把握できるために、システムの改良にも使えるが、監視にも使える仕組みなのである。生涯にわたって個々の子どもの学習記録を残しておくことも不可能ではない。

そこで、目的外利用・悪用を避けるために、ログ等の個人情報の保護という一般的注意喚起がなされ、一定の対策は取られているものの漏洩のリスクと規制に関する法規定は整備されていない。逆に、人の誕生から学校等での記録を収集・保存し、それらのデータを紐付けて利用しようという構想が、内閣府・経産省・デジタル庁・文科省等の省庁を越えて構想され模索試行されている。

これらは、法律や政策問題であるとともに、先に触れたように教育方法学的な観点からも課題となってきている。学ぶということは、試行錯誤の積み重ねと見ることもできるのであって、失敗は避けられない活動である。そうした失敗を個人は重ねながら成長していくが、その失敗は個人の糧であって、他者に自由に覗かれ利用されていいものではない。失敗のうわべだけを取り出しても本来は意義がない。学習者の失敗が残り続けると知って生きていくこと、他者と係わる人生は生きづらい。だから、学びにおける忘れ去られる権利が保障される必要がある。だがデジタル記録は、意図的に消去しない限り残り続ける。

そこで、教師も含めた子どもの個人情報・教育活動ログの保護を法制度的に整備していく必要がある。ＯＥＣＤ理事会は、Recommendation on Children in the Digital Environment を発表し、各国に法制度の整備を求めているが、なおその十分な形は現れていない[13]。

5 検討課題

教育のデジタル化の中で、教育産業による教材・教具・授業構成の寡占が始まり、その分、教師の専門職としての教材研究や授業構成権限の削減・剥奪が進んでいる。検討課題の第一は、教師の専門性を制度的に担保する方策を打ち出すことである。例えば教育方法学的には、ＩＣＴ機器を文房具のように使いこなす教師像を打ち出す議論もあるが、教師がそれらを使わない自由を含んだ文房具でない限り欺瞞である。せめて教科書と教材の選択権限を個々の教師に承認することなしに、「個別最適な学び」など実現できようがない。教育課程の編成を含めて、教育活動に関する教師の自律性の確保を改めて打ち出していく必要がある。

第二は、デジタル化が、学習活動の貧弱化・貧困化をもたらす側面の検討である。これにどう立ち向かうか、本来の学習の豊かさを保障する中に位置づけた実践と研究を進める必要がある。

貧困な情報に基づく学習の再転換ないし現実に取り組む学習へと転換していくことが求められる。
第三に、個人情報の保護、学校と教育産業の利用に対する有効な規制とはなにか、具体化が急がれる。

註

（1）日本教育政策学会年報編集委員会編『日本教育政策学会年報』第30号、学事出版、2023年、参照。
（2）俵義文『戦後教科書運動史』平凡社、2020年、参照。
（3）子安潤「授業における中立性と公正さ」佐貫浩監修『18歳選挙権時代の主権者教育』新日本出版社、2016年、参照。
（4）例えば、奥平康照『「やまびこ学校」のゆくえ』学術出版会、2016年、参照。
（5）教科用図書検定調査審議会「教科書の改善について（報告）」2008年において、「児童生徒が家庭でも主体的に自学自習できるよう、丁寧な記述、練習問題、文章量の充実」を図ることとされ、教材の取扱い方や学び方が記述されるようになった。https://www.mext.go.jp/b_menu/shingi/tosho/toushin/attach/1258999.htm
（6）上野晴樹『詳説人工知能』オーム社、2019年、参照。
（7）文部科学省「学校におけるICTを活用した学習場面」https://www.mext.go.jp/content/1407394_6_1.pdf
（8）未来の教室、https://www.learning-innovation.go.jp
（9）文部科学省「令和4年度学校における教育の情報化の実態等に関する調査結果（概要）」（全国の小中高

等学校特別支援学校対象に行った調査。調査基準日は２０２３年3月1日）。https://www.mext.go.jp/content/20231031-mxt_jogai01-000030617_1.pdf

（10）ベネッセ教育総合研究所「小中高校の学習指導に関する調査２０２３」ダイジェスト版。https://berd.benesse.jp/shotouchutou/research/detail1.php?id=5927

（11）前掲註（9）

（12）新井郁夫他「新しい教科書の使い方―よりよい授業づくりのために―中学校」公益財団法人教科書研究センター、２０２３年参照。https://textbook-rc.or.jp/wp-content/uploads/2023/10/5c0d0a5c736244a4b59d6681ec766f2f.pdf

（13）"Children in the digital environment" https://www.oecd-ilibrary.org/science-and-technology/children-in-the-digital-environment_9b8f222e-en（ＯＥＣＤ編著『デジタル環境における子ども』明石書店、２０２２年）参照。

第3章 「令和の日本型学校」の学びとログの問題

はじめに

急速に進むＰＣを利用した教育活動とその利用の現状と問題点を、特にログ問題を中心において教育方法学の見地から検討する。ＰＣやタブレットを用いた教育活動とともにそこで生成されているのがログである[1]。ログの生成と利用が、教師の教育活動を拘束し、必ずしも子どもの「最適な」学習活動を保障するものではないことを指摘する。

ログの問題は、教育の現場に近い人々の間で関心を集めることがいまだ少ない。しかしながら、教師や子どもの情報（データ）を集めて学校運営・教育行政の人事管理や教育産業に利用する構想が国家プロジェクトとして検討・企画され、すでに関連産業の分野ではシステムの開発と利用が進んでいる。本章では、子どもに関するログの収集についての現状をまず取り上げる。サーバー等に蓄積される学習行動履歴データをログと呼ぶが、この収集と蓄積、その利用に関する研究と産業化が、学校や教師には見えにくい場所で急速に進んでいる。しかし、法規制は追いつかず、インターネット・リテラシーの教育も多くは個人の「心がけ」に留まっている実態がある。

教育方法学の分野に関わる重大な問題は、収集した膨大な子どもの学習行動履歴データに対応した教育活動が提供できれば「個別最適な学び」を保障できるとする言説が蔓延していることである。しかし私見によれば、それは未だ幻想である。教育活動の局面では極めて限定的にしか機能しないことをＡＩの原理的な仕組みと対応させて論じる。

ところで、ログ問題は、個人情報の漏洩というリスク問題に留まらず、教師管理の手段に利用され、個々の教育活動の画一化をもたらす要因の一つとなっている。こうしたログと画一化の問題は、子どもの管理に、したがって子ども相互の関係にも及ぶ問題である。

他方で、教育におけるデジタル化に伴うリスクや課題に対する提言も一部で始まっている。ＯＥＣＤは２０２1年5月に「デジタル環境における子どもに関するＯＥＣＤ理事会勧告」を公表し、子どもの権利を尊重し保護する措置を法的に定め、教育関係団体・教育産業を規制する仕組みづくりを各国に求めている。[2] しかしながら、日本では法制度的整備が進まないままに子どもの各種情報の収集が始まり、その利用が始まっている。こうした事態の中で、教育方法学的な意味での教師の専門性権限の復権と自律性の重要さをデジタル化と教師の教育活動の差違の観点から考察する。

1　データ収集に向かう「令和の日本型学校」

超スマート社会としての「Society 5.0」という日本だけの非歴史的な用語が２０１６年に第５期科学技術基本計画で持ち出され、その教育分野での具体化としてＧＩＧＡスクール構想なるものが２０１９年末に文科省によって打ち出された。これによって一人一台端末と高速ネットワーク環境の整備が進められることになった。現在実施されている学習指導要領は、この政策が打ち出される前の２０１４年に諮問され、２０１６年に答申が出されて告示されたものである。学習指導要領に関する中教審答申の枠組みが先に決まり、当時はＩＣＴ化についても現在ほどの急激な変動を想定していなかった。そのために、ＧＩＧＡスクール構想政策の加速と学校教育の各分野との整合性を意図して、２０２１年４月に中教審は「『令和の日本型学校教育』の構築を目指して～全ての子供たちの可能性を引き出す、個別最適な学びと、協働的な学びの実現～（答申）」を提出した。(3)

こうした経緯は、教育のＩＣＴ化もしくは教育のデジタル化という動向の発信源もしくは動因、さらにはどこが主導権を取ろうとしているかを推測させるものがある。各種政策・提言のテーマと発出主体の変動を見るとはっきりとする。

文科省がこのテーマを取り上げはじめた初期は、学校のＩＣＴ化のサポート体制の在り方に関する検討会が２００８年に教育の情報化の担当者を置く提言、あるいは話題になり始めたデジタル教科書についての「『デジタル教科書』の位置付けに関する検討会議」が2016年に最終まとめを提出する程度であった。関連の検討会の数が少ないだけでなく、他の省庁による直接的な関与はなかった。これが一変していく。文科省も当然議論する場を増やし、2018年には「『全国学力・学習状況調査』の個票データ等の貸与に関する有識者会議」や「『デジタル教科書』の効果的な活用の在り方等に関するガイドライン検討会議」等を設置していくが、他省庁も教育に関する検討会の設置を始める。同年、経産省には「『未来の教室』とＥｄＴｅｃｈ研究会」、2021年には内閣府に「教育・人材育成ワーキンググループ」、同じく2021年にデジタル庁に「こどもに関する情報・データ連携副大臣プロジェクトチーム」が設置され、基本方針やモデル事業が推進されるようになる。最近ではこれらの所管庁が内閣府におかれるようになり、文科省主導という形を取らなくなってきている。政策的枠組みについては、内閣府が主導権を取り始めているといってよい。

では教育と子どもに関するどんなデータが収集されようとしているのか。デジタル庁・総務省・文部科学省・経済産業省の「教育データ利活用ロードマップ」によれば、次ページの図にあるデータが収集されようとしている。[4]

一部を列挙すると、転入学履歴、家庭状況、欠席日数・遅刻早退状況・給食費等の支払い状況、友人関係、各種学習履歴、民間・ＮＰＯ事業者の活動、出欠・学習状況等と広範囲にわたっている。従来から指導要録に記載されていた項目もあるが、テスト履歴や学習履歴の項目は、

図表3-1　教育データの蓄積と流通の将来イメージ（アーキテクチャ：初中教育）

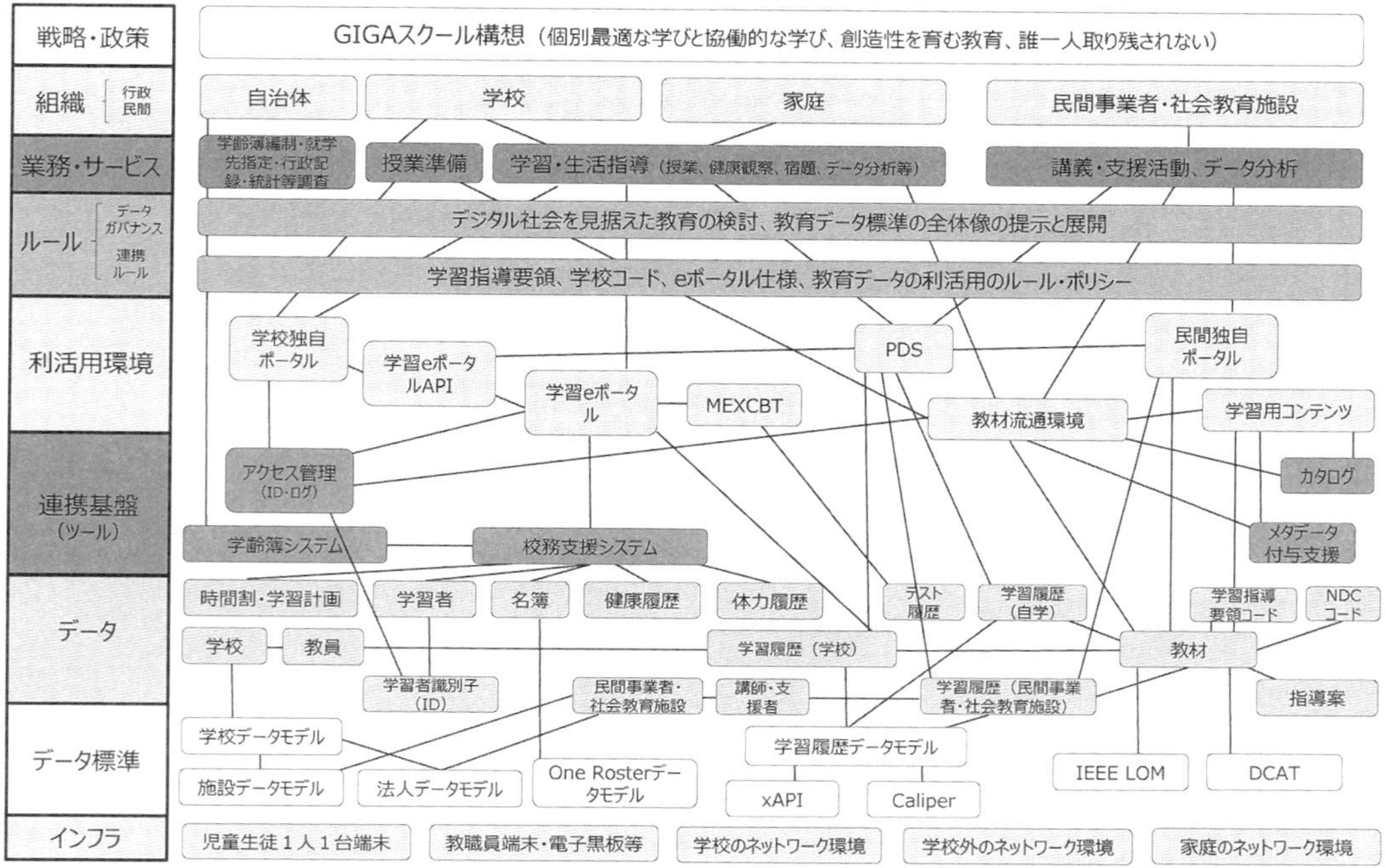

出所）デジタル庁・総務省・文部科学省・経済産業省「教育データ利活用ロードマップ」（令和４（2022）年１月７日）p.9より引用

その内実が膨大な量に上る。記録しようとすれば、すべてのテスト問題とその得点を蓄積することが可能となる。

これらのデータは従来も収集されていた。何が違うのか。違いは、これらデータを水平的にも垂直的にもつなぎ合わせて、それぞれの収集主体が参照できるようにしようとしている点である。すなわち多数の人の統計的分散としても利用し、同時に、個人の各事項について過去から現在までの詳細データとしても蓄積・利活用しようとしている点である。分けて言えば、一つは子ども全体のビックデータとしての取り扱い、二つは個人データの生涯にわたる捕捉、三つはデータ収集主体以外のデータの利用への参入、四つにはデータの標準化の推進である。

2 データ収集の問題点と遅れる対策

データ収集の看過できない最大の問題は、データ集積と利用の各段階で個人情報が漏洩するリスクが高いことである。文科省をはじめ各組織は対策をとっているものの、非営利団体教育ネットワーク情報セキュリティ推進委員会の集計によれば、学校関係の情報漏洩件数は、年間200件前後ある。(5) これが行政、大手教育産業から漏洩した場合には桁違いの個人情報が漏れることになる。２０２３年には、教育用アプリケーション開発業者から12万件を超える個人情報が漏洩したと報じられている。データ作成主体によるデータの相互利用が拡大していけば、漏洩情報の量は膨大なものとなる。

二つは、個人情報に基づく不利益な扱いが発生する可能性が高いことである。例えば具体的には、生活のデータが学習評価の場でマイナス評価のデータとして利用されることなどが想定される。先の検討会議は「学習者本人が意図しない形での不利益な取扱い等がなされないことが必要」[6]としているが、データの利活用優先で進行していることから意図せざる不利益が生じる可能性は高い。データ間の相関に関する研究が進むと、一つの該当項目が別の事柄に関連する誘因と見なされて、個人評価を下げるといったことが考えられる。相関の実証が十分でない場合にも作動することがある。個人を包括的に把握しようとすればするほど、不利益な扱いが生まれる危険がある。

三つは、個人データの「生涯を通じたデータの利活用」が計画されていることによる弊害である。過去のデータが生涯ついて回る問題である。「忘れられる権利」[7]の侵害となるだけでなく、生涯捕捉される仕組みであることが知られるようになればなるほど日常的に人の行動を萎縮させることになる。例えば、「心の天気」という子どもの内面の気分を「晴れ、曇り、雨、雷」などと毎日クリックして選択させるアプリケーションを導入している地域があるが、このデータも集積され子どもの日常行動として捕捉されている。雷などを選択すると、要注意として面談対象にされ、それが記録として残っていくことを想定すれば予測がつくであろう。面談対象となることを察知し始める中高生ともなれば、何をクリックするか対応を取るようになっているとも聞く。信頼度はかなり低い場合があっても利用だけ継続することもある。

したがって、利活用の主体をどう規制するかという問題が切実となる。当然、行政も各団体も意識している。現在、国は、当然だが、子どもの個人情報を一元的に管理しないとしている。だが、一元化は容易であり、個別自治体は所管する地域のすべての子どもの情報を掌握することになる。多様な観点からの序列化の危険は高い。教育産業もデータ収集と利活用の担い手として、収益につながるデータの蓄積と開発に力を注いでいる。例えば、デジタルドリルの回答状況、日々の「学習状況等」は、教育産業にとって欲しいデータとなる。すでに、導入されたPCアプリ等からの情報は膨大なものとなっており、データの収集と利活用が教育産業の存亡に影響すると意識されている。

どの団体・組織であれ、データの利活用は、子どもの多方面にわたる評定・ランキングと連動している。評定は子どもの量的な現状を表示するだけでなく、未来の能力予測や人格判定に係わる利用が行われだしている。確たる根拠があるかのような数値の扱いが生まれており、偏見を生む危険なシステムとなる可能性がある。

すでに大手の教育産業の場合、日本の子どもの過半数を超える情報を持っており、GIGAスクール構想が進展すればするほどその掌握比率は上昇する。データ管理の問題は、個人情報の漏洩問題に留まらず、後にさらに検討するが、教育の内容や教育活動の統制問題を引き起こす可能性が高い。これらを規制する仕組みが欠かせない。

文科省は、これまでに「教育情報セキュリティポリシーに関するガイドライン」を提出しており、改訂を重ねている。[8] しかしながら緩い規制に留まっている。冒頭に紹介した「デジタル環境における子どもに関するOECD理事会勧告」は、日本の現状よりも規制を厳しくするよう勧告している。[9] 参加国には、情報セキュリティだけなく、包括的な対策を取るよう求めている。例えば、ログに関連する項目では、「デジタル環境において子どもの権利をどのように保護および尊重できるかを特定し、そのための適切な措置を講じる」（23頁）、子どもには「個人のデータがどのように収集、開示、利用可能となり、またはその他の方法で使用されることを理解する」（27頁）として子どものデジタルへの権利を教えるよう求めている。データ収集側に対しては「子どものプライバシー保護、データの最小化、目的制限等のデータ保護の原則に従って、責任を持って調査が確実に行われるように努めること」（28頁）といった義務を提示している。さらにデジタルサービスプロバイダー向けのガイドラインとして「個人データの収集及びその後の第三者による使用または開示は、子どもの最善の利益のためのサービスの提供を達成することのために限定する」（32頁）とし、「子どもをプロファイリングすることや自動的に意志決定させることを許可しない」（33頁）と、日本の現状よりも厳しい規制を示している。法制度的規制の具体化が喫緊の課題と言えよう。

3　データに基づく最適な学びという幻想

各種データを詳細・大量に集めようとするのは、統治・管理の徹底という支配欲求とともに、現状分析や未来予測の精度を高めるために必須と考えられているからである。ＰＣの容量と速度が飛躍的に向上したことを背景に、大量データの集積が可能となり、そのデータに基づいて、ＰＣ等を利用することで、子どもごとの教育活動の最適な提案が可能だと考える一群の人々がいる。例えて言えばアトムやドラえもんのような自律型ロボットが可能だと考え、その技術で最適が提出できると考える人たちである。現実は条件が統制された中でかろうじて走行する自動車の「自動運転」レベル以下である。にもかかわらず、はるかに高度な対応が求められる人・子どもへの支援がＡＩの利用で可能と夢想している。現実は遠く及ばない地点にいるが、実現しているかのような把握が広がっている。

その典型が経済産業省「未来の教室」とＥｄＴｅｃｈ研究会の第２次提言「『未来の教室』ビジョン」の次のような把握である。「学習ログの蓄積が進み、ビッグデータ化が進むことにより、そのデータの分析結果は教育イノベーションに貢献するかもしれない。また、その分析結果が教育政策上の判断の形成にも役立てられれば、一人ひとりの子ども達に対して、より個別最適化の精度が高い、きめ細かく適切な教育を提供できるようにもなるだろう」[10]。文章は、仮定に基づく期待を記しているだけである。つまり現実はそうなっていないと推進側も認めた文章である。ここで言うＥｄＴｅｃｈとは、教育産業の提供するデジタル技術を使った教育プログラムによって、学習者の興味・関心・理解度から個別最適化された学び方を提供する技術のことである。その際に、ログをＡＩで解析できたら、個別最適な教材・プログラムが提供できると夢想している。繰り返すが、これは今のところ実現していない。現在の「個別最適な学び」を提案する仕組みは、原理的に、言葉通りの個別最適な提案を可能にするものではない。

現在のＡＩすなわち人工知能は目的に応じてさまざまなものが制作されているが、原理的仕組みは三つに大別される。一般的な人工知能のテキストの説明に依拠して紹介すると次のようになる[11]。

一つは、「教師あり学習」と呼ばれるタイプである。正解が先に与えられていて、後から入ってきた情報がその基準に合致するかどうかを判断する仕組みのプログラムである。合致しているとそれに応じて決められている反応としての正解が提出される。現在の教育用デジタルコンテンツの大半はこの仕組みで作成されている。

二つは、「教師なし学習」と呼ばれ、正解は定められていないが、一定の規範に従って入ってきた情報を分類していくものである。例えば、入ってきた情報がなんであるかわからない時に、ものの大きさや形からグルーピングするような仕組みの場合に採用されている。教育のアプリではほとんど使われていないとされる。

三つは、「強化学習」と呼ばれ、入ってきた情報をよい結果をもたらす情報かどうかで評価し、よい結果をもたらした情報をより高い評価の「教師情報」へと変化させていく仕組みのものである。囲碁・将棋などボードゲームに適用されているのが三つ目である。この時の確率計算には、ベイズの定理が応用されている。それは、現在の状態をもたらした原因が複数考えられるとき、それぞれを原因の可能性を確率として計算し、推定する考え方である。現状を規定した原因の確率を推定するのがベイズの定理だが、この計算する時点を未来へずらして、次に何を選択するとどんな結果がもたらされるかを推定する。その選択肢ごとに、ずっと先まで計算させて、ボードゲームの現在の優劣を表示させるといったことに利用されている。

だから、「個別最適な学び」というが、「教師あり学習」の場合、実際は子どもの回答が正解かどうかを判定しているだけであり、次にいかなる問題を提出するかはそのデジタルコンテンツを作成した側の判断によって予め決定されている。だから、子どもの誤答の原因は多様に存在しているが、その誤答原因を特定したり、その誤答に対応した教材や学習課題を提出しているわけではない。予め類型化された問題からせいぜい数通りの類題が順次提出されているだけである。よって、「個別最適」というわけではない。「教師なし学習」や「強化学習」を採用した教育用デジタルコンテンツはほとんどないとされるが、この場合も確率的に教師規範が作動して次の学習課題を提出しているだけであり、「個別最適」というわけではない。

したがって、個々の子どもに最もよいという意味の「個別最適」ではなくて、確率的に予め分類された枠組みから、該当するかもしれない学習課題が提出されているだけなのである。現実のデジタルコンテンツはドリルタイプのものが圧倒的に多いが、実際の教育場面では、子どもが誤答すると別の選択肢を選ぶ対応をすることが多く、機械的反復練習をしているにすぎないことが多い。よって、原理的に「個別最適な学び」がＡＩ・ＩＣＴ機器で提供されるわけではないのである。

4　教材のデジタル化の問題点

「個別最適な学び」論は、行動主義的なアダプティブラーニングの系譜に影響を受けた学習論とされるが、その枠組みを仮に承認したとしても個々人の特性とその個人に対応した学習の仕方を特定する研究はまだ途上であり、「最適」と断定できる水準にはない。現状では、むしろ弊害が大きい。教材の観点から指摘しておく。

一つは、普及している比率の高いキュビナやスタディサプリの実態から見ると、反復ドリルのデジタルコンテンツが多く、ドリルのプログラムが機械的反復学習となっているために、子どもの理解の仕方に応答することができない。ＡＩを利用しているとするが、先に見たように比較的単純と評される「教師あり学習」のため、プログラム作成者のドリル観と内容理解に依存し、必ずしも教育方法学や教育実践の到達点を反映していない。

二つは、原理的に見ると、ＡＩを利用してデジタル化された教材は視覚情報と音声情報で提供され、学習情報がその二つに限定されることで、学習が貧困化する。リアルな事物・事象は総合的で、事物の大小、臭いや熱など多様な情報をもたらすが、それが提供できないためである。パソコン画面やプロジェクターで見る二次元映像と、現地で人が実物を見ることには大きな違いがある。当然、見えないものを拡張して見せたり、聞こえない音を擬似的に聞かせたりといった拡張は可能である。しかし、それがメリットとなるのは、それを必要とする状況に限定的に意味を持つことになるのであって、拡張現実を現実・実物に置き換えて学習を済ませてよいはずがない。

したがって、三つには、オンライン教育が典型だが、デジタル情報の場合、学習者は人・モノに働きかけることができない。よって、学習対象からの応答がなく、リアルな人やモノとの経験の共有ができない。可能なのは、一部の情報交換に留まる。

教材のデジタル化を介した学習の個別化・個性化が、コンピュータとりわけＡＩを利用することで可能になるかのように楽観的に捉えることは間違いである。限定的に学習に利用できることがあるが、それへの依存は学習を貧困なものにする。

5　デジタル化と教育・学習活動の画一化と孤立化

教育のＩＣＴ化とりわけＡＩを用いたプログラムは、学習活動の孤立化、教育活動の画一化を引き起こす。

ここでいう学習活動の孤立化とは、個々の子どもがPCと向かい合って続ける個別化教育のことを指す。学級の全員が、PCに向かってひたすら課題に回答している風景を想像してみよう。PCを通じて提出される教材と学習課題に、黙々と一人で回答し続ける情景である。途中で他者の意見を聴いたり、話し合ったりという学習活動は織り込まれていない。子どもの回答にはPCの所定の解と説明が表示され、その正解の記憶を求められ続ける。課題を解く複数の学習経路があったとしても、一人で所定の課題とその説明を聞くだけの学習が続く。これを学習の孤立化と呼ぶ。「自由進度学習」という別のタイプの孤立型学習もあるが、それは第6章で検討する。

孤立化批判に対して、話し合いや共同活動は、いわゆる協働学習の場面で行えばそれでよいとする見方がある。しかし、それは、機械的な役割分担論である。つまり、特定の単元や探究学習の時だけ協働学習、個別知識の習得場面では個別化・個性化された教育を展開し、それらが一定のバランスで組まれていれば「令和の日本型学校」だとするものである。文科筋の「個に応じた指導」では、形態として一人で学習することだけを想定している。逆に「協働的な学び」ではグループや集団の形態を想定した説明を反復している。しかし、学習はいつでも個人の活動だが、個人の活動の組織形態として一斉に同じことをすることもあるし、個人ごとに異なることもある。当然、グループ単位の活動もある。だから、いわゆる協働的な学びの場合にも集団全体での活動もグループ活動も個人としての活動もある。個人が物理空間で一人で学んでいる場合にも、PC相手だけでなく外界と交わり、言語の中にある他者と係わっていくこともある。自分の学習目的に則して他者の意見を読み、問いかけるといったことを想定するとよい。AIに支配された個別化学習から抜け出した個人指導を構想する必要がある。それは、自分に知識をため込むだけの学習ではなくて、個別に学んでいるときにも、外界や他者とともに在ることを意識化する学びである。AIを利用した場合にも定まった正解を覚える孤立的な個別化教育とは違った授業構想が求められる。

教育のデジタル化は、奇妙なことに教育活動の画一化を飛躍的に拡大させる[12]。機器のICT化がアプリケーションやデジタルコンテンツと結びつくと、教育活動が定型化・画一化する。第2章でも触れたが、その要因には二つある。一つは、社会的・制度的要因である。教科書（デジタル教科書）採択、PCの選定、アプリケーションやデジタルコンテンツの選定が、予算執行の仕組みとも係わって、概ね教育委員会単位で決定されるからである。このために、一つの教科書・教材に決まってしまう。教材や機器の採択に個々の教師の声は限りなく小さい。結果として採択した機材や教材を使うことが強いられる。これらが画一化をもたらす社会的・制度的要因である。

もう一つは、教科書も含めてアプリケーションやデジタルコンテンツ自体が教育活動や学習活動を拘束するプログラムとなる問題を持っている。従来の教科書使用の拘束力とは比較にならない。現在の教科書は、単に教材が配置されているのではなく、どんな問いかけを子どもにするか、子どもにどんな学習活動をさせるかが書き込まれている。デジタルコンテンツは、それがさらに詳細になり、授業の進行手順とその場面ごとに必要となる教材としての資料・画像が織り込まれている。だから、これをいったん使い始めると、授業進行がおおよそ決まってしまう。多忙な教師、教材研究に十分な時間をとれなかった教師ほど、プログラムに乗って授業を進めることになる。こうして恐ろしく画一的な授業が「令和の日本型教育」として大量生産されることになる。「個別最適な学び」であればクラスごとに違う授業となるはずが類似の授業となる。

この「個別最適な」授業は、プログラム作成者の授業構想に拘束され、子どもの応答に関わりなくプログラムされた対応を続けることになる。これを一定の教育水準が確保されるなどと捉えてはならない。

6　教師の専門職権限の復権と自律

教科書や教材を実際に必要とし、それを使うのは教師である。ところがその教師に教科書やデジタルコンテンツの選択権限がない希有な国家が日本である。これを変える必要があるが、教科書採択には法規が存在しすぐに変えることが難しい。だが、デジタルコンテンツには法的な選択権限がリジッドに規定されているわけではない。そこでさしあたり限りなく個々の教師が作成・選択する仕組みにしていく必要がある。そうであって初めて適切な教材の選択が可能となり、より適切な学びが可能となる。さもないと教材作成権限が、民間企業に独占されることになりかねない。一部に、オープン教材とかオープンエデュケーションと呼ばれる動向があるが、これも産業化されて終わる道を歩む可能性もなくはない。よって、当面は、教師の自主的な取り組みとその相互交流を中心におく小さな活動の道を歩むことができることであり、確かな道ではないかと推量される。

次に、力説してきたように、ログの収集と利用に関する法的整備が必須である。子どものためと称してデータを何でも集めることがあってはならない。正確な対象の限定、条件、利用範囲の特定が求められる。

授業等の教育活動に即していえば、教師の子ども理解の参考情報の一つとして学習履歴（ログ）を位置づける必要がある。一つのログ情報だけで、機械的対応を取るのではなく、各情報の位置づけを踏まえつつ、子どもの生活と対話を踏まえた教育活動を教師自身がつくる。そういう専門性を承認しつつ養成していく取り組みが行政にも学校にも求められる。授業の展開に即した言い方をすれば、デジタルコンテンツの進行に従属するのではなく、教師のタクトの優位性を保障する必要がある。子どもの理解の仕方、その場に合わせた把握の力があるのは教師である。教育活動と子どもの学習活動のシステム化を放置すると定型化し、個別最適な学びという言葉の意味とは反対の事態が出現し、教育の水準を低下させる。これを回避し、多様な子どもたちに応答するためには、教師のこの分野での権限・裁量を復権し、自律性を保障していくことが求められる。

註

（1）文科省はスタディ・ログ、経産省は学習ログと呼ぶことが多い。人工知能学会等の辞典ではログもしくはスタディ・ログの語を用いている。ここでは広義にはログ、他は文脈に応じて使い分けることとする。

（2）経済協力開発機構編（ＯＥＣＤ）『デジタル環境の子どもたち』明石書店、２０２２年。https://legalinstruments.oecd.org/public/doc/272/272.en.pdf

（3）「『令和の日本型学校教育』の構築を目指して～全ての子供たちの可能性を引き出す、個別最適な学びと、協働的な学びの実現～（答申）」。https://www.mext.go.jp/content/20210126-mxt_syoto02-000012321_2-4.pdf

（4）デジタル庁・総務省・文部科学省・経済産業省「教育データ利活用ロードマップ」２０２２年。https://www.digital.go.jp/assets/contents/node/information/field_ref_resources/0305c503-27f0-4b2c-b477-156c83fdc852/20220107_news_education_01.pdf

（5）教育ネットワーク情報セキュリティ推進委員会「令和５年度（２０２３年度）学校・教育機関における個人情報漏えい事故の発生状況—調査報告書—（第1.1版）」https://school-security.jp/wp/wp-content/uploads/2024/06/2024_1.pdf

（6）前掲（4）参照。

（7）「忘れられる権利」「追跡拒否権」などが主張され出しているものの現状では実効性が困難とされる。『人工知能学大事典』共立出版、2017年、487頁。
（8）文部科学省「教育情報セキュリティポリシーに関するガイドライン」2021年。
（9）前掲書『デジタル環境の子どもたち』23-33頁。
（10）経済産業省「未来の教室」とEdTech研究会第2次提言「『未来の教室』ビジョン」2019年、20頁。https://www.meti.go.jp/shingikai/mono_info_service/mirai_kyoshitsu/pdf/20190625_report.pdf
（11）小高知宏『基礎から学ぶ人工知能の教科書』オーム社、2020年、55頁以下参照。
（12）子安潤『画一化する授業からの自律』学文社、2021年、参照。

第4章 資質・能力論批判

はじめに

知識や技能をひたすら蓄積する教育が長く続けられてきた。これに対して、「資質・能力ベースの教育」が唱えられるようになった。個別の知識や技能に信頼が置かれていた時代は過ぎたと考え、これまでにない事態に対応できる力や創造力に期待するしかないという考え方が20世紀末から広がったためだ。だがその見方は、短絡的に見える。確かに、科学史をいくつかの分野で振り返れば、これまでも過去の知見の単純な蓄積で新たな分野が開拓されたわけではない。それこそパラダイム転換も存在してきた。しかしそれは、過去の知見を投げ捨てて生まれた知というわけでもない。そう考えると、「資質・能力ベースの教育」論は、単純すぎる見方をベースにしているように見える。そこで、その奇妙さを実際に発生している教育状況を念頭に批判する。

現在の「資質・能力論」には、敗戦以後の各種の学力論と能力主義から、近年のリテラシー論、コンピテンシー論、ごく最近のエージェンシー論に至る系譜がある。それらの構想への社会論的な批判や議論は積み上げられてきている。(1) ここではそうした構想の社会的性格についての検討ではなくて、「資質・能力ベースの教育」の実践への指針レベルを取り上げて批判する。最近の教育のＩＣＴ化と結びついて実施されている方策の安易さをここでも授業の定型化と貧困化という観点から批判する。

1　引っ込んだアクティブ・ラーニング論

文科省の審議会等で「資質・能力」論が語られ出した同じ頃、3年足らずの期間の流行語となったのが、「アクティブ・ラーニング」であった。Googleトレンドで検索するとわかるが、２０１４年の秋からこの言葉の使用頻度が上昇し、２０１６年の8月にピークを迎え、その後下降していく。これは、その頃に文科省の中央教育審議会教育課程部会等で話題となり、その後、部会自身が、アクティブ・ラーニングの視点について「深まりを欠くと表面的な活動に陥ってしまう」といった警告のニュアンスの強い文書を公表し、(2) 以後、急速にトレンドランキングを後退させていった。教室でダンスをしながら学ぶなど、軽すぎる取り組みは、さすがに引っ込むことになっていった。この辺りの事情については、拙著『画一化する授業からの自律』に記した。(3)

そのため、アクティブ・ラーニングという言葉の使用頻度は低下したが、この言葉が使われる元となった「資質・能力ベースの教育」自体が撤回されたわけではないことから、特定の活動形態と特定の「資質・能力」の形成を結びつける発想と教育は残り、いくつかの試みは定番化して広がっている。アクティブ・ラーニングという方針に沿って、パターン化されたコミュニケーション、形式化された表現方式と学習過程などがそれである。「特定の型ではない」という中教審の言明は、型の複数化による承認のように機能している。型が学校と時期によって変わったとしても、いつも公認の型が作られ、公認の教育の方法となる思考の貧困を抱えている。

こうして「深い学び」とつながる「アクティブ・ラーニング」ならばよいだろうとみなされるようになっているわけである。

しかしながら、そもそも深まりとは何か、それはいかに生まれるのかという問いを立てる人は、まだ一部に留まっている。「深まり」をつくり出す要因としての教材への理解をどうつくり出すのかが横に置かれ、定型的学習活動が先に提示されてしまうこの間の傾向を見ればそう判断せざるをえない。「資質・能力論」こそが定型化を強化しているということもできる。というのは、教科書・デジタル教科書に学習活動の仕方や手順が書き込まれることになったのは、「資質・能力」の形成を意図して始まったことだからである。教育活動あるいは学習活動の定型化と結びあう事態が教科書の書き方として制度化されたのは、他ならぬ「資質・能力」の形成の議論に呼応した結果だからである。

2 「資質・能力」ベースの教育

すでに示してきたが、資質・能力論とは何かを短く確認する。

学習指導要領の記述を教育目標・教科内容ベースから「資質・能力」ベースに転換したことを示す答申は、２０１６年12月21日の中央教育審議会答申である。「各教科等において何を教えるかという内容は重要ではあるが、前述のとおり、これまで以上に、その内容を学ぶことを通じて『何ができるようになるか』を意識した指導が求められている」[4]と述べ、「資質・能力」をベースとした学習指導要領と教育にするのだと宣言した。

では、「資質・能力」とはなにか。明確な定義はない。答申の中で、「資質・能力」がおよそどのような意味で使われているかをみる。

答申では、教育基本法第1条と第2条にある教育目的や目標の「育成に向けて、子供たちの資質・能力を育む」[5]としている。「資質・能力」と続ける用法なら『期待される人間像』（１９６６年）にもあるが[6]、この時は特段の断りがないことから辞書的意味であったと解すれば、「資質」は生まれながらの性質や才能の意味であり、「能力」は後天的に形成される力で、二つが人格を構成するものと理解していたと見てよいであろう。

それに対して２０１６年の答申では、「資質・能力」の説明として改定教育基本法第５条第

2項の「国家及び社会の形成者として必要とされる基本的な資質を養うこと」の条文の解説文に従っていることを示した後に、次のように記している。「先天的な資質を更に向上させることと、一定の資質を後天的に身に付けさせるという両方の観点をもつものである」[7]。資質が言葉の意味を変えて、誕生した後にも形成されるものに変更されている。

教育基本法の改定の時にも言葉として問題含みだったが、「資質」の辞書的意味は「生まれつきもっている性質や才能」（広辞苑）という意味だが、そこに後天的な意味合いを持たせて使用しだした。先天的か後天的かを問わない概念ということにしてしまった。そのためにこの時期以降、学習指導要領等に「資質や能力を育成する」という表現が多用されるようになった。「こうしたことも踏まえ、本答申では、資質と能力を分けて定義せず、『資質・能力』として一体的に捉えた用語として用いる」[8]とある。言葉の説明としてはそれだけである。以上から推定されることが二つある。

一つは、当たり前のことで奇妙に見えるかもしれないが、「能力」に対応するのは、従来通り、知的能力や身体的能力の形成をまずは含んでいる。

二つは、「資質」という本来先天的意味の強い言葉を拡張させることで、能力概念に収まらない要素を含み込ませた。教育基本法の態度関連目標や情報活用力のような複合的な能力や職を想定しているためと考えられる。こうしておくと、場合によっては保守的な国家主義を織り込むと考えることも不可能ではないばかりか、個人の学ぶことへの性向・性格の形成に関与することも含めることが可能となる。幅広く「資質」に含ませることで、能力概念を拡張しているわけである。例えば、総合的な学習の時間の目標記述にある「主体的に判断」等は人格的な性向と係わるが、それらも含めて「資質」と「能力」とを一体的に捉えさせたいということであろう。こうした能力概念の拡張は、一つは、保守的な目標規定と整合させること、個人の自由であるべき思想信条への介入の余地を残そうとする根強い思惑が今回もあるからであろう。もう一つは、世界的な能力概念の変動を意識してのことと考えられる。

また、それらの「資質・能力」のどんな中身をどう形成するかを問題にしたこともあって、どの学校階梯の学習指導要領も、従来の目標と内容中心の記述から、学習活動の取り組み方への指示・示唆が激増し、頁数が倍増した。

3　膨張する世界の能力の概念

答申を出した側が「資質・能力」を強調しだしたのは、心内的性向や態度を含ませるだけでなく、国際的な能力構造やその捉え方の変化に対応させる意図があったと考えられる。国際的動向との関連をここでは取り上げる。

それは、ＯＥＣＤや国際的なグローバル企業の提言を意識してのことである。デセコ・プロジェクトのコンピテンシー、ＰＩＳＡのリテラシー、情報産業中心の21世紀型スキルといった言葉を使用する世界の動向との関連である。20世紀末の日本は、旧来の能力主義が一元的な学力基準による能力主義であったのに対して、個別領域ごとの能力主義すなわち能力主義の細分化による多様化提案が産業界から提出されていた。だが、世界の動向はそれとは違った方向を向いていた。世界の動向といっても、OECD中心だが、産業構造とその下での社会を想定し、その社会構造の不透明性を念頭におく傾向があった。すなわち、今後の時代状況を表すVolatility（変動性）、Uncertainty（不確実性）、Complexity（複雑性）、Ambiguity（曖昧性）の頭文字をとった造語VUCA（ブーカ）を前提に人間像・能力像を描く傾向である。もとは冷戦後の1990年代の国家間の軍事戦略の複雑な状況を指した軍事用語を、日本では2010年頃から不確実で将来の予測が困難な社会の状況を指すビジネス用語として使うようになり、教育界でも枕詞のように使用するようになった。

だから2016年末の答申にあった「何ができるようになるか」は、細かな技術や技能の意味ではない。「何ができるようになるか」は、「育成を目指す資質・能力」のことなのである。何かを学んでも、社会的文脈に位置づく何かができるようにならなければ意義は薄いというわけである。こうした能力像、あるいは形成を目指す人間像に世界的な変化が生まれたことに影響を受けていると考えられる。

代表的な能力像とおおまかな特徴、および関連用語の一覧[9]（図表4-1）でそのことを示して見よう。一覧を見ると、第一に、人の能力全般を見通すのではなくて、現代社会・産業の課題を意識

図表4-1　世界の代表的能力構想

①発表主体 ②文書名 ③鍵概念	特　徴	時　期
① OECD ② PISA 調査 ③リテラシー	持っている知識や技能を実生活のさまざまな場面で直面する課題にどの程度活用できるかを調査するもの。読解リテラシー（読解力）、数学的リテラシー、科学的リテラシーの3分野を中心におよそ3年ごとに調査している。	2000年
① OECD(DeSeCo)プロジェクト ②「能力の定義と選択」 ③キー・コンピテンシー	従来の学力に、動機付けを付加し、どれだけの成果や行動ができるかをコンピテンスと呼んだ。「異質な集団で交流する」「自律的に活動する」「相互作用的に道具を用いる」の三つをキー・コンピテンシーとする。	1999年 ～2002年
①アメリカ等とインテル等情報産業、ATC21s ②21世紀型スキル ③スキル	グローバル化や情報化の進む21世紀に期待されるスキルとして、思考の方法、仕事の方法、仕事のツール、社会生活の4つのカテゴリをあげ、創造性や批判的思考等10のスキルを並べる。	2009年～
① OECD ② Education 2030プロジェクト、ラーニング・コンパス（学びの羅針盤）2030 ③エージェンシー	このプロジェクトは、教育制度の将来に向けたビジョンとそれを支える原則を示したものとされる。そこでは「エージェンシー」が使われ、社会参画を通じて人々や物事、環境がより良いものとなるように影響を与えるという責任感を持っていること、進んでいくべき方向性を設定する力や、目標を達成するために求められる行動を特定する力が想定されている。	2018年

した力が想定されていることがわかる。端的に言えば、視野が狭い。第二に、創造力や自律性、批判的思考など、変革的な力に期待が高いことがわかる。第三に、使用する言葉が能力（アビリティー）ではなくて、リテラシーあるいはコンピテンシーへ、最近ではエージェンシーへと変遷させていることである。

ここに従来の能力概念との違いがある。その違いは、二つの方向を持つ。一方では、デセコのコンピテンシー概念が「知識や技能以上のものである。特定の状況の中で、（技能や態度を含む）心理社会的な資源を引き出し、動員することにより複雑な需要に応じる能力をコンピテンシーは含んでいる。」[10]とするように、社会的な文脈の中で有効に働くことを格段に強調する。中教審答申はこの動向を受けて、「資質・能力」の三要素「学びに向かう力・人間性等の涵養」「生きて働く知識・技能の習得」「思考力・判断力・表現力等の育成」をあわせて「何ができるようになるか」だとしたわけである。この方向は、すでに指摘したように従来の一般的「能力」概念とは異なる。従来は、社会的文脈は脱色され、問題を解くために必要な知識を適用する正確さと速さを主要な基準に把握してきた。それが、現在は、暗記力と速さ以外に、社会的文脈への洞察力が加わった「コンピテンシー」なのである。

正反対の方向のようにも見えるが、もう一つの方向が打ち出されている。複雑な事態への一般的対応スキルが強調されていることである。21世紀型スキル論に明瞭に見られるが、コミュニケーションスキル、情報スキルの一部を「汎用的スキル」と呼び、それらを高次の認識能力としてその形成を期待する動向である。「汎用的な問題解決過程」や「汎用的な対話のスキル」と述べて、文脈性ではなく、脱文脈的一般性がこちらでは強調されている。「汎用性」が強調される時には、社会的文脈性は脱色されて用いられる傾向がある。各提言に違いはあるものの、社会文脈的な力と汎用的力の発揮が強調されている。

これらに影響を受けて、「資質・能力」の概念は、態度、性向、知識、技能、社会的文脈の判断力、汎用的能力を含む諸能力へと拡張させたわけである。かつて勝田学力論が学力を狭く規定しようとしたのとは正反対に、「資質・能力」概念は、はち切れんばかりに膨張することになった。膨張した「資質・能力」を形成するための「主体的で対話的で深い学び」という構造となっている。

4 「資質・能力」論の弱点・欠陥

膨張した「資質・能力」論には、弱点・欠陥がある。簡潔にまとめておく。

①産業主義的偏り

まず、期待される「資質・能力」が膨張した割にきわめて偏っていることである。PISAテストの中止を求める国際署名がかつて行われたが[11]、その理由の一つが言語記号の操作能力や社会の情報化に対応した内容ばかりが重視され、平和や芸術の領域などが軽視され、教育課程を歪めることを批判するものであった。現在の日本の学習指導要領においても、教科の内容的な変更が大きいのは、小学校英語の開始・拡大とプログラミング教育の拙速な開始に見られるように、産業界からの要望ばかりが突出している。視野を狭くしておいて、ウエルビーイングなどという言葉を持ち出す奇態は、言葉自身の信頼度をすでに落としている。

②国家主義的「資質・能力」

次に、「資質・能力」論がきわめて国家主義的な様相を持っていることである。教基法第2条というだけの場合、言葉としては隠れるが、第2条に登場する言葉は徳目項目と類似性が高い。

これを具体的に示したのが、「特別の教科　道徳」と道徳の検定教科書であった。グローバル化の動向に影響されているはずなのだが、この点についてはナショナリズムや思い込みの「日本」や「日本文化」論が織り込まれている。

③「資質・能力」の幻想性

小見出しの「資質・能力」の幻想性とは、答申がVUCAを前提に提案していることに係わっている。例えば、答申に「今学校で教えていることは時代が変化したら通用しなくなるのではないか」と記し、「子供たちの65％は将来、今は存在していない職業に就く」という未来予測を信じて書かれている。この予測もそれこそ不透明である。未来が予測不可能と言っている人々の予測ほど不確かなものはない。今もてはやされている分野の「資質・能力」が不要となるかもしれない。そうだとすれば、むしろ、真理として長く通用してきた内容、時代を超えて教え継がれてきた内容こそ重視した教育が重要であろう。答申の論理を適用すると、別の結論もあり得るわけである。そもそも、人間の内部に実体として「資質・能力」が存在するわけではないことを忘れてはならない。

④形成論の欠如

重大な欠陥は、「資質・能力」の形成論に根拠がないことである。答申における基本構造は、アクティブ・ラーニングで「資質・能力」を形成するというものであった。しかし、そもそも、単一の手法で特定の資質・能力が形成されることなどあり得ない。人としての全体的な育ちの中で形成されていくことはわかっているが、どのような手法がどのような「資質・能力」を形成するかはまだ解明されてはいない。しかし、アクティブ・ラーニングがいつでも有効ではなく、むしろ熟考こそ内的にはアクティブなことも少なくない。

⑤汎用的スキルの無力

メタ認知や汎用的スキルへの過剰な期待がある。問題解決学習のステップや論理的思考の要件を取り出して教えようとする実践があるが、テーマや内容に関する知識なしに説得的な議論は展開できない。メタ認知の単なる意識化や問題探求ステップを歩ませることでは、現実の問題は解けない。汎用的スキル推進論者の奈須正裕は、学習による転移はそう簡単に起こらないと言いながら、汎用的スキルやメタ認知とつなげば転移するのだとしている[12]。しかしそれでは、発言が形式化し、無内容な予定された画一的結論に終わることも少なくない。予定された回答ではＶＵＣＡとの整合性もとれない。個別教科内容の探究を励ます方がずっと水準の高い教育を実現できるというものである。

「資質・能力」論は、教育方法学的視点からすると、以上の弱点・欠陥を持っている。より慎重に検討していくことが求められる。

5　資質・能力への期待値のゆらぎ

教師は、資質・能力論にはまってしまっているのだろうか。幸いなことに真っ当なまなざしを多くの教師は持っている。子どもに身につけさせたい力をどう考えているのかでそのことを確認してみよう。

文科省の「義務教育に関する意識に係る調査」（２０２３年）によれば[13]、基礎的・基本的な知識・技能が73・４％、続く二

図表4-2　義務教育修了時に身に付けておくべき能力・態度

(1) 子供たちが義務教育修了時に身に付けておくべき能力や態度として特に重要だと思うものを５つ選んでください。

	教師（全体）	小学校	中学校
基礎的・基本的な知識・技能	73.4%	75.7%	71.3%
自ら判断する力	45.4%	46.8%	44.2%
相手に伝わるように自分の考えを表現する力	44.5%	44.9%	44.1%
他者の大切さを認め、多様な意見や考えを尊重する力	44.5%	44.8%	44.2%
自ら学ぼうとする意欲	37.4%	39.8%	35.3%
社会生活に必要な常識やきまりを守る力	36.5%	34.4%	38.5%
自分には良さがあると認める力	36.1%	41.1%	31.6%
自分の良さを生かし、他者と協力して取り組む力	28.8%	29.1%	28.6%
自分が困ったときに他者に助けを求める力	26.9%	27.7%	26.2%
ものごとをやりとげるねばり強さ	26.7%	26.4%	27.0%
失敗を恐れず挑戦する力	22.5%	24.3%	20.9%
情報等を活用し、多様な観点から論理的に考える力	19.6%	18.4%	20.6%
ものごとに見通しをもって計画的に取り組む力	12.0%	7.7%	15.9%
自分の生き方や進路について考える力	10.6%	5.8%	14.9%
新しいものや考えを生み出す創造的な力	7.1%	6.7%	7.4%
他者との衝突を避け、調和を重んじる力	6.1%	6.1%	6.2%
求められることを正確に行う力	2.6%	1.8%	3.3%
集団の中で意見をまとめていくリーダーシップ	2.0%	1.5%	2.6%
１人１台端末（タブレットなど）を活用する力	1.6%	2.3%	0.9%

出所）文部科学省「義務教育に関する意識に係る調査概要・集計結果」（令和4年度調査）p.7

つは、判断力と表現力に係わる力となっている（図表4-2）。「資質・能力論」のいわゆる中核に位置する項目となっている。その後は、これも「学びに向かう力」の項目に係わって記されることが多い項目の「他者や多様性の尊重」の項目が続く。これは何を意味しているだろうか。

上位にある項目はこれまでも重視されてきた項目でもあるが、そこには近年のスローガンの言葉である「資質・能力」の三要素「学びに向かう力・人間性等の涵養」「生きて働く知識・技能の習得」「思考力・判断力・表現力等の育成」に関わりの深い言葉が並んでいる。その中でもやはり、「知識・技能」が一位の座を占めている。一昔前は、「関心・意欲・態度」を中核に据える議論があったが、一位とはならなかった。近年は「能力」重視論に転換してきているが、なお水を空けている。

それでも近年の動向を反映していることも間違いない。そこで、上位よりも下位の項目に注目してみよう。すると、中教審の答申や国際的動向が期待する力であるにもかかわらず、下位にある項目が見えてくる。それは、「自律性」や「創造力」や「批判的思考力」である。これらが比較的下位にあるのはなぜか。

いくつかの推測が可能だ。これは、「基礎的・基本的な知識・技能」あっての教育活動という把握が長年の慣行で強力ということもあるだろう。その裏返しとして、創造性や批判的思考力の形成には取り組んでこなかった歴史があることもあるだろう。実際、創造力や批判的思考力あるいはチャレンジする志向の項目が低いことは、2018年のTALISの調査結果にも出ていた。(14)

図表4-3　学習指導のなかで心がけていること

(2) あなたが学習指導のなかで心がけていることについて、以下の項目に関してそれぞれあてはまる項目1つを選んでください。

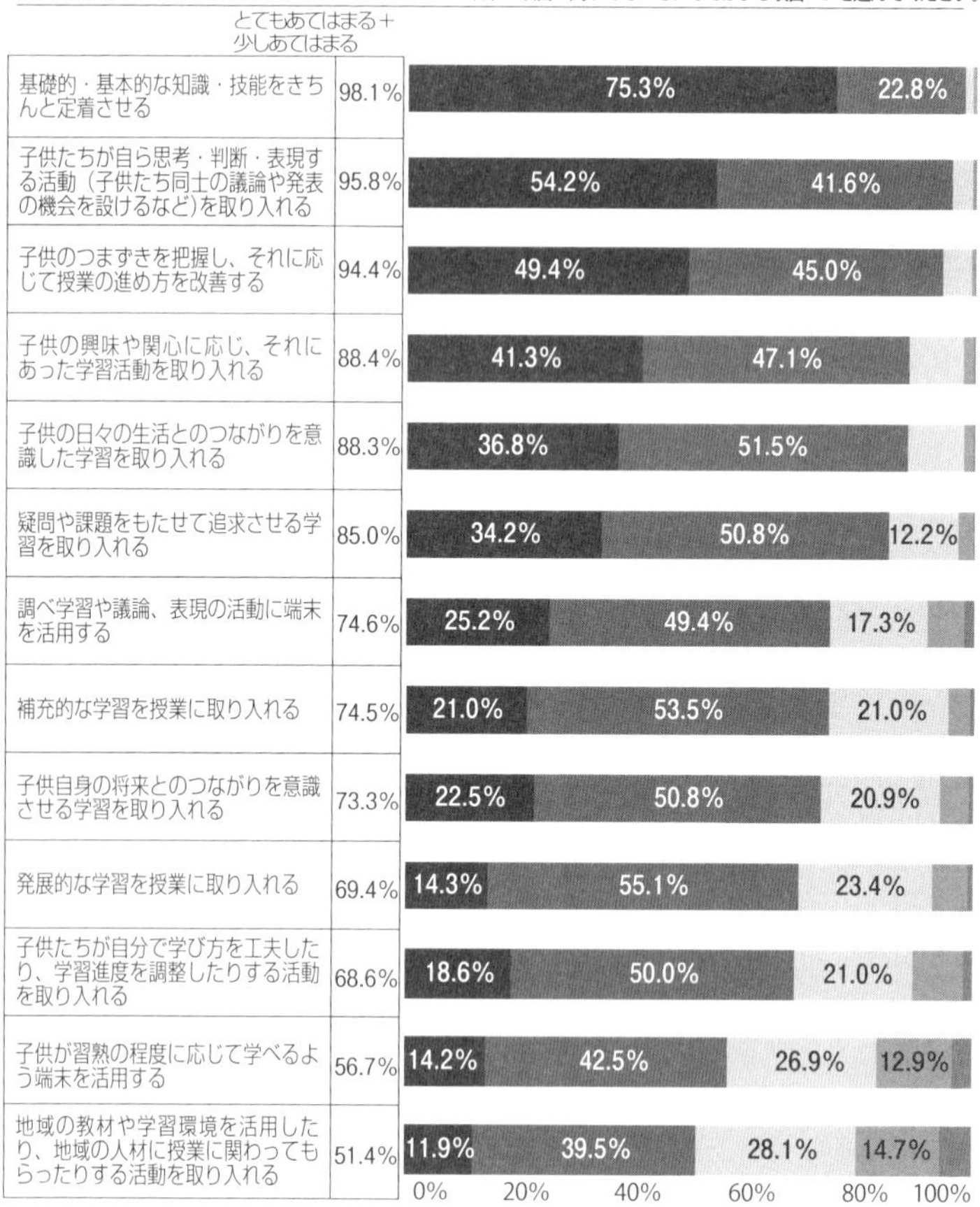

※回答割合が10%未満の場合は数値の記載を省略。
■とてもあてはまる ■少しあてはまる ■どちらでもない ■あまりあてはまらない ■まったくあてはまらない

出所）図表4-2に同じ、p.8

図表4-4　学習指導のなかで特に大事にしていること

(3) (2)の選択肢のうち、あなたが特に大事にしていることについて、3つ選んでください。

	教師(全体)	小学校	中学校
基礎的・基本的な知識・技能をきちんと定着させる	76.4%	76.8%	75.9%
子供たちが自ら思考・判断・表現する活動（子供たち同士の議論や発表の機会を設けるなど)を取り入れる	55.5%	53.3%	57.4%
子供のつまずきを把握し、それに応じて授業の進め方を改善する	38.3%	46.2%	31.3%
子供の興味や関心に応じ、それにあった学習活動を取り入れる	28.9%	28.8%	29.0%
子供の日々の生活とのつながりを意識した学習を取り入れる	26.4%	25.8%	26.9%
疑問や課題をもたせて追求させる学習を取り入れる	26.3%	25.2%	27.4%
子供自身の将来とのつながりを意識させる学習を取り入れる	12.1%	9.6%	14.4%
子供たちが自分で学び方を工夫したり、学習進度を調整したりする活動を取り入れる	11.1%	10.9%	11.4%
調べ学習や議論、表現の活動に端末を活用する	7.3%	7.0%	7.6%
補充的な学習を授業に取り入れる	6.8%	6.6%	7.0%
発展的な学習を授業に取り入れる	4.2%	2.5%	5.7%
子供が習熟の程度に応じて学べるよう端末を活用する	3.4%	3.6%	3.3%
地域の教材や学習環境を活用したり、地域の人材に授業に関わってもらったりする活動を取り入れる	3.2%	3.7%	2.7%

※赤字は小学校教師と中学校教師で10ポイント以上の差がある項目。

出所）図表4-2に同じ、p.9

それでも、これだけ宣伝されても上昇しないままなのは、別の要因があると考えられる。一つは、そうしたいと考えたとしても実践化しにくい状況があることである。その状況とは、教える内容・単元が細かく規定されていて、それらを時間内に終わらせることに汲々としているためである。授業の定型から逃れて、実践を変えたくても変えることが難しいということが想定される。二つは、創造性や批判的思考力などの力の形成の方法が曖昧なことである。この二つである。データ的にいくらか裏付けることができる。同じ先ほどの文科省の調査結果で見てみよう。[15]

心がけとしては、「基礎基本の定着」ほどではないにしろ、88・4％の教師が子どもの興味や関心に応じようとし、子どもとつながりのある学習を取り入れようとする教師は73・3％である。子どもの興味関心に対応すれば、子どもの創造性やチャレンジする気持ちや自律性を育てることとつながっていくように読める項目である。

ところが、教師の心がけとしては「基礎・基本を定着させる」と10～20％の差しかないにもかかわらず、身につけておくことを期待する力としては大差となる。教師の気持ちとしては十分に存在しているにもかかわらずである。

同じ調査で実際に教師が授業で大事にしている項目の結果を見ると、図表4-4のようになり、子どもの興味や関心あるいは子どもの生活と係わった学習、さらには疑問や課題をさらに追求させることといった項目は、20％台となる。[16] 心がけようとしているが、実際には実施していない。そうなるのは、困難な状況が存在しているからだと推測する以外にないだろう。

こうした事態を越えていくには、根源的には教育課程の改編が必要である。今実施されている実践動向に対して、これを組み替えていく方向を次に記す。

6 教材研究ベースの再構築

「資質・能力」論が欠陥だらけの幻想を含んでいたとしても、それでも学校に押し寄せてくる。各教科各単元に張り付く「資質・能力」は、形式的一覧表として記述される。少なくとも学校内的な授業指導案レベルでは、各教科の「見方・考え方を働かせ」「活動を通して」「三つの『資質・能力』の育成を目指す」という定型文と、「資質・能力」の三要素である、①知識・技能、②思考力・判断力・表現力、③人間性の単語が並ぶ。形式的で画一の極みが続くであろう。

多くの教師は指導案レベルでは記したとしても、実践を有意義に展開するとすれば、「資質・能力」ベースに由来する定型に拘るのではなく、教科内容・教材から授業をつくり、子どもの疑問から授業をつくる以外にない。この観点をここでも強調しておきたい。

すなわち対抗軸の一つは、教科内容・教材の検討、公認の定型的把握を「ほんとうか？」と吟味するところからはじめることである。教科教育関係者からも教科内容の系統的教授なしに、資質・能力の形成など考えられないとする提案が出され始めた[17]。教えるべき内容について、教科書や教師用指導書の解釈が十全ということはない。いつも変わらずに見える空の月も一年に約1センチ地球から遠ざかっている。あるいは、改定教育基本法第2条の目標の中身も問い直すに値する言葉である。すべての人の平等な社会参加とはなにか？と不平等な現状やその原因を問う方向へと考えさえすれば、活動的に定型化された授業とは違って内容豊かに学ぶことができる。単元の内容を組み替えることは、真理に味方する観点に立てば誰にもできる。今はその手法が一般化していなくとも、幸い批判的思考は推奨されている。

7　汎用的スキルを越える子どものまなざし

教えるべき内容を捉え直したうえで、次に、形式化した無用な汎用的スキルとアクティブ・ラーニングの位置づけを変換しなければならない。この時、「何ができるようになるか」という常套句を位置づけ直す。

汎用的スキル重視論者は、認知心理学で言うところの方法的知識や手続き的知識ばかりをもてはやすが、そうではなくて、事実知識あるいは宣言的知識と相応の関係においてそれらを位置づける。すなわち、教科内容・教材研究を知識論でいうところの事実知識あるいは宣言的知識とだけ捉えるのではなく、方法的知識あるいは手続き的知識も個別・具体的に取り出して、教える内容に位置づける。他方で、汎用的スキルを単に一般的な形で無内容にするのではなくて、個別単元に固有な手続き的知識として取り出すのである。すなわち、概念や事実に関する知識を重視し、同時に事象や事物の操作・手順に関する知識すなわち方法知識（手続き的知識）の両者を結び合ったものとして位置づけ直すのである。汎用的スキル重視論者は、一般的方法知ばかりに目を向けるが、本来、方法知も事象や事物に関する知なくして機能するはずがないのである。例えば、スイミーの「ミサイルみたい」とはどんな様子か読みを語るのは事実知識の表明であり、そういう比喩表現が方法知識となるが、比喩表現と言っただけでは無内容で何も読めてはいない。両者をつなぐと読みとなるわけである。

汎用的スキルが無力なのは、事実知識と切り離して何にでも使えると錯覚するからである。問題探究のステップも同様である。段階を踏みさえすれば、問題を解くことができるなどというそんな楽なことはめったに起こらない。探究のステップも、いま自分たちが何を追求しているのか見通しを持つ程度に意味がある。そういう程度のものと押さえ、学習の仕方は従属的に位置づける必要がある。

これを実現するには、二つを重視する必要がある。一つは、内容に関わりの深い仕事の人が本当はどのように活動しているかに似せて学ぶことである。これを「真性の学び」というが、その活動スタイル・思考スタイルを子どもに可能な学習活動に翻訳する。例えば、本当の農業者の仕事、本当に裁判をした人、本当に環境問題に取り組んでいる人の活動を学び、その行動の仕方・考える手順を追体験してみる。無闇にランキングしたり、付せんを貼り付けるのとは違った活動を基本に据えるのである。

もう一つは、これが決定的に重要なのだが、子どものまなざし、とりわけ子どもの疑問に寄り添って探究のテーマを設定したり、検討課題を設定することである。理科や社会科の実践に見られる「へんだな探し」から授業を進めていく取り組みである。[18]

こうした研究の後に、子どもの関心の向き具合に応じたタクトによって変奏が生まれる。

註

(1)例えば、国立教育政策研究所編『資質・能力〔理論編〕』(東洋館出版社、2016年)は中教審周辺の議論をまとめたもの。志水宏吉・鈴木勇編『学力政策の比較社会学〔国際編〕―PISAは各国に何をもたらしたか』(明石書店、2012年)はヨーロッパを中心としたこの時期の動向を調査したもの。中西新太郎・谷口聡・世取山洋介『教育DXは何をもたらすか―「個別最適化」社会のゆくえ』(大月書店、2023年)は社会的批判の書。

(2)中央教育審議会教育課程部会「次期学習指導要領等に向けたこれまでの審議のまとめ」2016年、48頁。

(3)子安潤『画一化する授業からの自律』学文社、2021年、55-56頁。

(4)中央教育審議会「幼稚園、小学校、中学校、高等学校及び特別支援学校の学習指導要領等の改善及び必要な方策等について(答申)」2016年、15頁。

(5)同右、13頁。

(6)文部省『期待される人間像』大蔵省印刷局、1966年、2頁。

(7)前掲註(4)、15頁。

(8)同右、15頁。

（9）定義は、表の順に以下の文献を参照。ＯＥＣＤの各文書は https://www.oecd.org に原文が存在する。国立教育政策研究所 監訳『ＰＩＳＡ２００６年調査 評価の枠組み』ぎょうせい、２００７年。ドミニク・Ｓ・ライチェン、ローラ・Ｈ・サルガニク編著、立田慶裕監訳『キー・コンピテンシー――国際標準の学力をめざして』明石書店、２００６年。三宅なほみ（監訳）、ｐ・グリフィン、Ｂ・マクゴー、Ｅ・ケア編『21世紀型スキル：学びと評価の新たなかたち』北大路書房、２０１４年。白井俊『OECD Education ２０３０プロジェクトが描く 教育の未来』ミネルヴァ書房、２０２０年。

（10）同前書、『キー・コンピテンシー――国際標準の学力をめざして』、２０１頁。

（11）The Guardian “OECD and Pisa tests are damaging education worldwide” Tuesday, May 6,2014.

（12）奈須正裕・岡村吉永編著『転移する力学』東洋館出版社、２０２３年、９頁。

（13）文部科学省「義務教育に関する意識に係る調査 概要・集計結果」２０２３年、７頁。https://www.mext.go.jp/content/20231227-mtx_syoto02-000033379_05.pdf

（14）国立教育政策研究所編『教員環境の国際比較 ＯＥＣＤ国際教員指導環境調査（ＴＡＬＩＳ）２０１８調査報告書』ぎょうせい、２０１９年、参照。

（15）前掲書、註（12）、８頁。

（16）同右書、９頁。

（17）阿部昇「国語の授業で『主体的・対話的で深い学び』を実現することは本当に可能なのか」『国語授業の改革17 国語の授業で「主体的・対話的で深い学び」をどう実現するか』学文社、２０１７年、参照。

（18）加藤公明『わくわく論争！ 考える日本史授業』地歴社、１９９１年、参照。

第5章 ICTの不可能性と現実に出会う授業

1 ICT化の突風

ICT機器とりわけ小中学校に配布されたタブレットPCの利用を促すキャンペーンが文科省をはじめ、関連府省庁あげて進められている。この突風が地方や個々の学校にやってくると、中央省庁付近よりも一層強い暴風となることがある。突風に無知と忠誠が結びつくと、「PCを毎時間使う」ことを強制するといった画一化された身体が動き出す人が時々いる。すでにそうした地域や学校がある。そんな本末転倒した世界を、真っ当な教えと学びの論理が行き交う場に再生する必要がある。そのためには、この風を単に暴風から微風にするだけではなく、本来、無用なところにはいかなる風も吹かせない観点から、現在進められようとしている「ICTの利活用」を検討する。

そもそもICTにはできないことの方が圧倒的に多い。その抱える不可能性を踏まえておくことが必要である。何でも便利にできるかのような宣伝に踊らされることなく、人と人が出会うリアルな教育実践の価値とそこに本来求められるまなざしを明確にしていく必要がある。

そこで、まずは、現在進められているＧＩＧＡスクール構想において普及されようとしている「ＩＣＴの利活用」の動向を確認するところから始める。家庭科の事例を中心に論じるが、他の教科においてもその骨格において類似性は高い。それらに見られる問題点を指摘した後、今はあまり注目されていないＩＣＴ機器を利用した評価や教師と子どものデータ収集の抱える問題にも言及する。現在のＰＣと関連アプリケーションにできないことを不可能性として示した後で、ＩＣＴにできないことこそが子どもの学びには必須であり、それらのできないことをできるのが教師であることを提示する。最後に、ＩＣＴの教育活動・学習活動に対する効果に関する確実な量的データがないことと、現時点でのデータから読み取れる検討課題について記す。

2　家庭科におけるＩＣＴ化の風の形

文科省のサイトにＩＣＴ化を進めるために開設されたStuDX Style（スタディーエックススタイルと読ませる）というサイトがある[1]。そこに教科別のＩＣＴ化のポイントや利用事例が紹介されている。その記述からどのような利活用が始まっているかを急いでまとめてみよう。

家庭科の分野の事例で説明する。それぞれ小学校・中学校・高校別にアップされているが、学校階梯は違っても利用の仕方の共通性は高い。

一つは、生活から課題を見つけ設定する場面において生活事象の写真や動画を見せることである。撮影しておいた生活事象の写真や動画から問題を見つけ出させようというわけである。従来の実践においても動画や写真の提示はよく行われてきた。少し違うのは、一人一人にファイルを配信すること、気付きをメモとして入力し、その入力データを学級で共有することが少し速くなることである。

二つは、子どもたちの調理等の作業工程等を写真や動画あるいはメモとして保存することで、知識や技能を繰り返し閲覧させ、その習得に役立たせる使い方である。

三つは、過去の作品や作り方の写真や動画を閲覧し、そこから一人一人の調理・製作等の計画を立てさせようとするものである。

これに高校では、インターネットを利用した情報の収集と整理、発信が加わる。

以上の利用が家庭科のポイントだと説明され、その利用が学習意欲を喚起させ、学習の効果を高めると期待し、そうなるような工夫を教師に求めている。

こうした利用法は、他の教科でもさほど変わらない。7節で、社会科の事例でそのことを確認しつつ、タブレットを用いた陥りやすい学習の問題点を指摘していく。ともあれ、前述の使い方をタブレットPCと授業支援アプリケーションの機能に置き直すとそのことがさらにはっきりする。①動画の撮影と配信、②写真の撮影と提示、③メモ入力と共有、④インターネット検索、⑤計画の作成、⑥プレゼンテーションの作成である。

『小中学校の学習指導に関する調査２０２１』ベネッセ教育総合研究所の小中学校教員への調査結果をみると、全国的な利用の傾向がわかる。[2] 次の図表5-1は、中学生が授業の中の学習活動としてどう利用しているかを教師に尋ねた結果である。

図表5-1　授業で生徒がＩＣＴ機器を用いて行う学習活動（中学校）

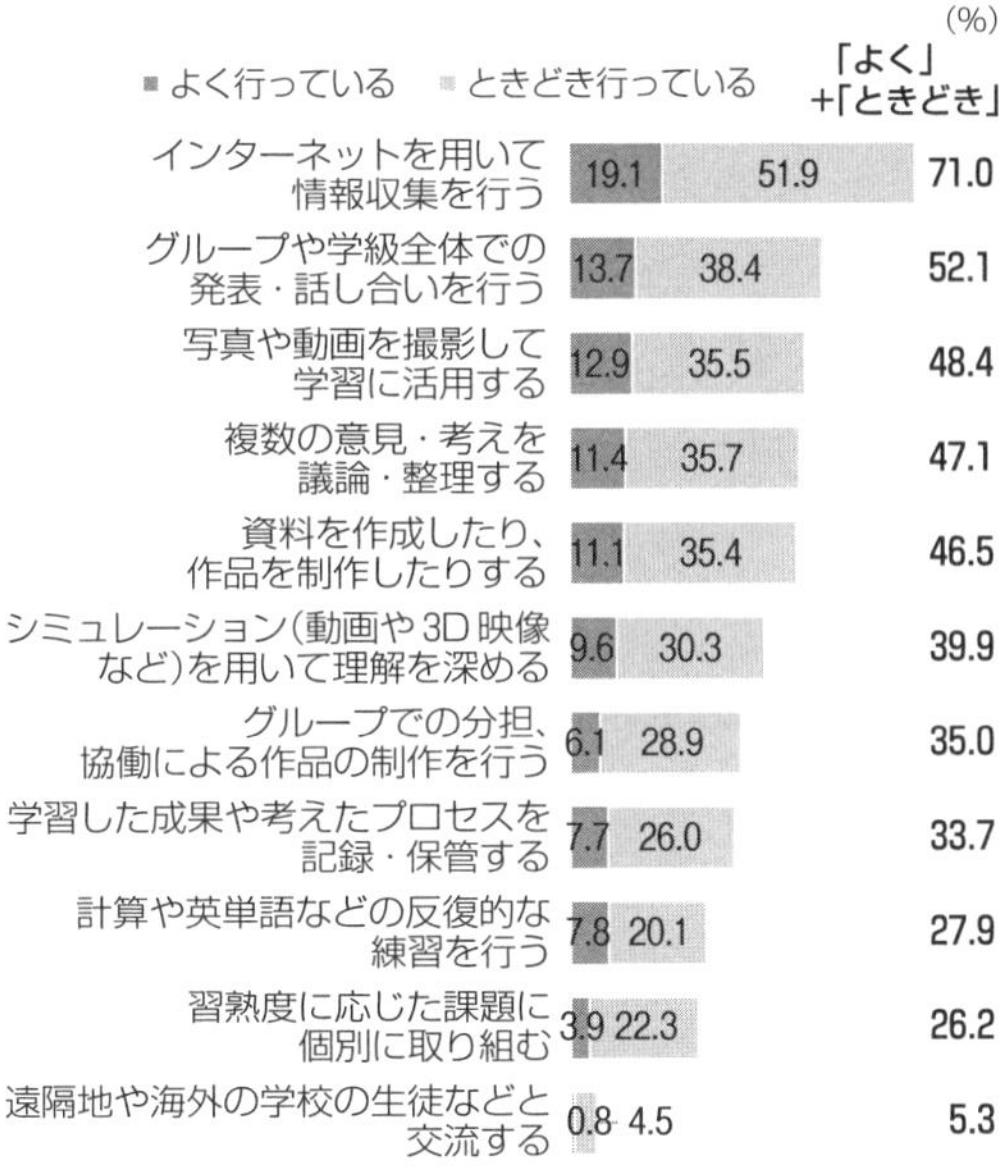

※「生徒が授業でICT機器を活用する頻度」の質問で、「まったくない」と回答した人を除いて、2,089人の回答を分析。

出所）ベネッセ教育総合研究所「「小中学校の学習指導に関する調査2021」ダイジェスト版」p.11

この調査はタブレットＰＣが配付されて半年足らずの時期の結果だが、その後の各地の調査結果においてもインターネットによる情報収集、動画・写真の撮影と提示、グループでの話し合いが概ね上位を占め、その後も大きな変動はない。違いがあるのは、動画の視聴や二人組の英会話に利用することが多い英語である。

問題は、タブレットＰＣ

をほとんど使わなかった従来の教材との出会い方と同じなのかどうか、情報の収集の仕方に違いはないのか、グループの話し合い等における差はあるのかどうかといった問題である。この質を問わないで同じことができたとするのでは軽すぎる判断である。

3　ICTの原理的な不可能性

ＩＣＴとりわけタブレットＰＣを利用した場合の問題点を利用頻度の高い手法に限って二つ指摘する。ＩＣＴ化による学習活動への影響が、ＰＣの原理的な不可能性によって生じる場合と、学校の社会的仕組みもしくはそれらが複合している場合とがある。まず、タブレットＰＣの機能上の原理的な制約に由来する問題から取り上げる。

(1) 教材提示の原理的な不可能性

さて、教師の利用の仕方を含めて授業において多く利用されているのは、教材として写真や動画を提示することである。従来から、テレビや実物投影機を利用して教材としての動画や写真を見せてきた。そうした提示だけなら、以前とさほど変わらない。一人ずつに配信すると閲覧の自由度が高くなる程度の差である。ただし、閲覧の自由度の高さは、子どもがそれで「遊ぶ」可能性の拡大を意味することもある。

だが、最大の問題は、タブレットＰＣは実物を提示できないことにある。できることは、その原理からして二次元映像と音声に限られる。物体としては三次元が多いが、動画は二次元に縮減される。音声も本当の音の大きさ・音色とは違ってしまう。タブレットＰＣや実物投影機を介して再現されるので、サイズも実物とは違ってしまう。提示に機器を使うと従来同様、臭いや温度、触感、味は消え去ってしまう。食や被服の学習にとって欠かせない情報が、動画や写真では消え去る。

だから、これまでも教材の提示の際に、家庭科の教師たちは、実物の提示、実物に触れる活動を重視してきたのである。これは、他の教科でも同じである。何度も強調するが、実物こそ教材として最適なのである。実物や現実の現象を教室で見せることが難しい場合に、やむを得ず動画や写真の形で提示してきたに過ぎない。この点を忘れて何でもタブレットＰＣで済ませることは誤りなのである。「当然のことを言っている」とこの下りを読まれるかもしれない。しかし、オンライン授業ばかりの時期にはこの問題が発生したし、その後も実物ではなくてデジタルで済ませることが増えている現実がある。これはＩＣＴ化による学びの貧困化といっていい。この点は、後で取り上げるデジタル教科書問題とも関連している。

(2) インターネット検索の問題

学年が上がるにつれて増えるのがインターネットによる情報検索である。これには多数の問題が指摘されているが、総じて学習の軽薄化を生むと言える。アクセス先を指定して課題の答えを見つけさせる実践、回答事例のコピーアンドペーストで済ませていくレポート作成など回答の類型化・画一化が進む。これには事情もなくはない。検索を子どもに任せると、サイトの信頼度を問わない利用や関係のない検索となるために、一定の制限をかけざるを得ないからである。

仮に一定の信頼度をクリアしたサイトだとしても、ネット検索による情報収集にも不可能性がある。

それは、その情報源から直接訊いた話ではないこと、あるいは事柄の当事者からの声ではないことにある。戦後の教育実践は、地域の人にインタビューするなど当事者の声を聴くことを大切にしてきた。子どもが体験を経た後に課題を設定して探究活動を進めていく実践(3)、あるいは本職の人から学ぶ海苔とおむすびの食べ比べの実践に見られるように(4)、直接の体験は、まとめられた資料を読んですませるものとはまったく違ってくる。それは、物事の細部と全体性を子どもに垣間見せ、人やモノと学習者の関係が生まれる瞬間となる。

ところが残念ながら、インターネット検索による情報収集は、記号としての情報に留まり、収集している学習者との関係は希薄なままとなりがちなのである。こうした違いが生まれるのは、ネット情報が記号であるのに対して、人・物事の全体性は、学習者にさまざまに影響していくからである。このことを忘れた授業における情報検索と整理と発表は、軽くならざるを得ない。

だから、ネット検索を予備的・一部分的に利用することはあっても、何でもインターネットによる情報検索で済ませたり、学びの中核部分をそれに委ねる授業構想は、学びを貧困化させるものと言わざるを得ない。

できているようでできないことや違いが多いのがタブレットPCである。

4　教師用デジタル教科書の問題

今はまだ家庭科におけるデジタル教科書の子どもの利用は少ないが、教師用デジタル教科書の導入は増えている。名古屋市の場合、数学や英語はすべての中学校に導入されている。教師用のデジタル教科書の導入は地域と教科によって異なるが、２０２２年度でおよそ7割前後となり、さらに拡大している。

教科書のデジタル化に伴って紙の教科書も含めて、２０２５年度から使用されるものにはQRコードが多くの教科書で倍増し、教師用デジタル教科書も当然増える。

文科省の検討会は「デジタルと紙の教科書の両方が用意されている環境」を推奨し、メリットとデメリットを報告書の類いに記している。[5]だが、デジタル教科書とりわけ教師用の使用は大きな問題を孕んでいる。現在のデジタル教科書は紙の教科書と同じ構成なのだが、その危険度は紙と同じではない。

特に、教師用デジタル教科書を利用すると、同じような授業が全国で誕生する確率が高くなる。その理由の第一は、教師用デジタル教科書は、内蔵の授業の進行モデルに従いやすいからである。紙の場合にも同じものが記されているが、デジタルの場合、その授業進行に必要な資料やシートの準備が格段に容易となる。紙の場合は教師が自身で印刷等の準備をすることが必要となるが、デジタルの場合はそれらがファイルとして内蔵されリンクされているからである。多くの調査で90％以上の教師が多忙と答えているが、多忙であればあるほど依存の確率が高くなり、同一の授業となる。

第二の理由は、新しい教科書そのものが学習課題を予め設定した構成となっているからである。教材だけでなく、学習活動の手順まで記した教科書が増えたために、同一の授業が生まれることとなった。本来、それらは例示にすぎないが、経験の少ない教師や自律的に教材や子どもを見ることが困難な教師、例えば権威主義的な教師は、自分で教材や問いを織り込むことができない。

第三に、旧弊だが、教科書通りの授業構成や同一歩調を要求する管理職・同僚が多い場合、子どもの応答や地域の課題に関係なく、同一の授業で教師の務めが果たせたと見なしてしまうのである。

教師用デジタル教科書の授業進行を参照するとしても、後に述べるようにホンモノの教材を持ち込むこと、子どもの疑問に応える授業をつくり出す観点からの授業づくりと展開が求められる。

5　学習ログと情報の共有の問題

教材への書き込みとその共有、グループでのPCを介した意見交換、流行となっている「振り返り」とその共有、これらも頻度の高い利活用となっている。

どれもICTを使う以前から実施されてきた活動であるが、ICTを介在させると異なる問題を発生させる。それは、記録が残ることによって発生する。推進する側は、それをメリットとしてだけ宣伝する。例えば、評価のためのデータの集計が瞬時に終わる、個々の子どもの学習記録（ログ）が集積されて子どもの状況把握や個々の学習計画が立てやすいなどと宣伝する。

ところが、このログとして消えないことがいくつかの困難をもたらす。一つは、失敗が失敗として消えない、忘れてもらえない困難である。紙の場合も教師や子どもに記録が残るが、多くは間もなく消えて行く。肉声ならその場で消えて行く。ところが、デジタルのログは消えたようで残り、残そうと思えば半永久的に残る。二つは、一つの学習記録が別の事態と関連づけられて、予断を生んでいく。解答がその時の解答事情など関係なく、解答傾向として人格と結びつけられていく。三つは、ログが評価と関連づけられていることを子どもが自覚するにしたがって、コメントをつける学習に萎縮しパターン化したコメントを記すようになっていく。四つは、消えない学習記録が漏洩していくことである。

これらの問題は、学びが真似から始まったとされるように、大いに失敗を許容するものであったはずが、いちいち評価・評定するものへと変質する中で寛容さを失わせてきた現代の学びの問題である。他面で、子どもの権利の問題でもある。子どもの情報を集めることがよりよい教育を保障すると言うが、子どもの「最善」が先に決められてしまっている。学校や教育する側が「最善」を子ども抜きに決めてしまってよいはずがない。本人の意識的な了解なしに、いつまでも子ども情報が利用されてよいはずもない。その意味で社会システムの問題でもある。

国際的にはそれが意識されていて「デジタル環境における子どもに関するＯＥＣＤ勧告」が２０２１年に提出され、子どもの最善の利益を原則とし、「子どものプライバシー保護、データの最小化、目的制限等のデータ保護の原則」等が示されている。[6] しかし、日本はこれらについて法的規制が整備されていない。そのために、子どもの情報を行政も教育産業も一般的な個人情報保護法に従って対応しているだけで心がけに留まっている。

ここでも強調しておきたいが、実は、このログ問題は、子どもだけの問題ではなく、学校や教師のログも収集されているために、教育活動の監視に利用される危険性も発生している。ログ規制は、教えと学びを豊かにするための制度的な課題なのである。

6　本物とリアルを原則とした学びへ

ＩＣＴやデジタルへの誘導には、学習上のメリット・効果について根拠が必ずしもないことを明らかにしてきた。だから、誘導側は「ＩＣＴ文房具論」を持ち出し、うまく利活用するように言う。

しかし、タブレットとアプリを、ノートや鉛筆と同列に見なすことはできない。問いと学習活動が指示されているために、授業の進行を定めてしまうシステムだからである。使われる道具が使う側に指示を出している。これをノートや鉛筆と同じとみなすことはできないだろう。その意味で、「ＩＣＴ文房具論」は欺瞞と言ってよい側面を持っている。

そうだとすれば、教師の教育権限の復権とは別に、二つのことを大事にした授業を構成していく以外に道は開かれない。すなわち、一つは、学習対象となる教材を、できうる限り本物を教室に持ち込むことである。この本物とは、実物であり、人であれば当事者の登場を目指すということである。

二つは、本物が暗示する疑問、学習者が抱く疑問を中心に据えた授業展開にすることである。

例えば、日本野鳥の会が作成した教材「海洋プラスチックごみについて考えよう」というかなりよくできた授業プランがある。[7] プランには、プラスチックゴミによって苦しむ野生生物の写真、それらマイクロプラスチックゴミが生成する仕組みの図表が要領よく配置されている。

動画を視聴するだけなら11分で終わる。ＩＣＴ利用で済ませることもできるが、本物を持ち込む方向に組み替える。

まず問いを膨らませる。「野生生物が苦しんでいるのはなぜか」「実際にどこからマイクロプラスチックは来たか」「どんな政策が世界や日本では具体的に進められているか」「自分たちにできることは何か。その効果は？」と根源的問題に迫りつつ、その事実を探す。すでにある写真や動画で済ませるのではなく、地域や学区に即して実際の状況を見に出かけるのである。実際に取り組んでいる人の活動や意見を聞く。動画を観ただけとは異なる体験が子どもの側に生まれるに違いない。よそ事としてのプラスチックゴミが生活に位置を持ってくるかもしれない。

こうした学習を目指すが、教室に持ち込むことができない生物や遠くのＮＧＯ団体の人の場合に、やむを得ず動画や写真を使うという位置づけとするのである。その目的のためだけにＩＣＴ機器やデジタルコンテンツを従属的に利用するのである。

また、子どもたちの学習ログは必ず消去し、教育産業等への提供を避ける仕組みの構築を別途求めていく。安心な空間で本物を教え学ぶことが貧困化させられた教育を再生する道である。

7　社会科の事例から

現実と出会うことはどの教科でも基本となる。そこで、現実と出会いそうになりながら、すれ違ってしまう社会科の事例を取り上げて本物との出会いのイメージを広げてみたい。

小学校の事例としてよく取り上げられるのが、タブレットを持って街に出かけて写真をとり、それらから読み取れることをメモし、報告を作るというものである。あるいは街に係わって、インターネットを利用して、情報を集めて同じくまとめるということをも行われている。中学校の事例では、同様に集めた資料を共有したり、他者の探した資料にコメントしたりといった活動が紹介され、それなりに実施されるようになっている。どれも悪くはないように見える。

すぐ問題点が見えるのは、インターネットで情報を集めてまとめただけの取り組みである。これは、現実に出会っているとは言えない。だが、街に出かけていく地域学習は、現実に出会っているように見える。しかしながら、教師からの報告によれば、写真を撮ってそれを要領よく配置することが先行して、生きた人に話しを聞くことが後回しになることがよくあるという。いわば、撮った写真の良し悪しばかりを話題にして、地域の諸課題が脇に置かれるような取り組みである。報告の仕方やまとめ方が優先してしまって、現実が後回しになるというわけである。

ネット検索に係わる事例にも良し悪しがある。歴史情報のデータベースもあれこれ整備されてきており、貴重な情報源となることがある。だからそれぞれの集めた情報を検討することは必要でもあり、問題はないように見える。信頼できるデータベースであれば、アクセスさえすれば、確かな画像や動画、さらにコンパクトな解説に触れることもできる。だがここで終わると本物と出会うことには全くならない。二つのことが必要となる。一つは、カウンター情報を探すことであり、さらにもう一つは、その主張や議論をしている人や著作に出会うことである。地域の事象であれば、資料館等の学芸員等に質問することである。人に出会うと、その人の見方の個性にぶつかることができる。誰がアクセスしても同じ情報でおしまいとなるネット検索とは違ってくる。そこに思索の過程や研究課題等が示唆されていくものなのである。自然科学研究でも同じである。例えば、国立天文台には子どももアクセス可能な情報が収蔵されているが、実際の観察が求められる。

多様なものの見方・考え方はスローガンではなく、現実が提供しているのである。その現実を子どもたちがどう受け止めるかも変わってくる。子ども自身の体験・現実に即して変わるかもしれない。こうして異なるからこそ子ども同士が意見を交わす意味も生まれてくるのである。ここにリアルと交わる学びの意味の基本がある。

8　教科ごとの違いに関するデータからの検討課題

ここまで家庭科と社会科を念頭に記してきたが、教科ごとの違いや学年進行に伴う利用頻度の違いのデータから言えることを記しておく。

タブレットＰＣの利用の頻度は、教科ごとに違いがある。英語科が一番多く利用されている。先にも触れたが、それは二人で英語会話の練習をしたり、モデル会話を聞いたり、ドリルとして使われているからである。続いて、社会科と理科となるが、これは教材の提示や教材に係わるネット検索として利用されていると考えられる。続いて算数・数学だが、これもドリルとしての利用頻度が多く、学校階梯が上がると利用頻度が下がる。(8)

こうして見るとドリルの比重の高い教科で利用されていることがわかるが、それはデジタルドリルを使って反復練習をすると手間が省けることが要因の一つである。しかしながら、子どものドリルのプロセスがつかめないという欠陥がある。多くのドリルは正誤だけを判定・保存するからである。また、ドリルの内容構成において、教育活動の知見が十全に生かされているかという点でも課題が多い。すなわち、市販されているデジタルドリルは、機械的な反復ドリルが多く、子どもの習熟形成に必要な手順あるいは子どもの習熟度に応じたドリル構成を提供しているとは必ずしも言えないことをここでも繰り返し指摘しておきたい。子どもに機械的な反応を引き起こしやすいという点でも、教育活動の丁寧さを放棄させているという認識が開発者や利用者には必要である。

これを敷衍して研究課題をいえば、こうした教科による利用頻度の違いは、使用場面の違い、学校階梯の違いと関連していると考えられ、継続的な実体調査と利用の適否に関する検討が求められるということである。少なくとも利用すればよいという軽薄な方針は、直ちに転換する必要がある。

図表5-2　教科別ＩＣＴ機器利用頻度

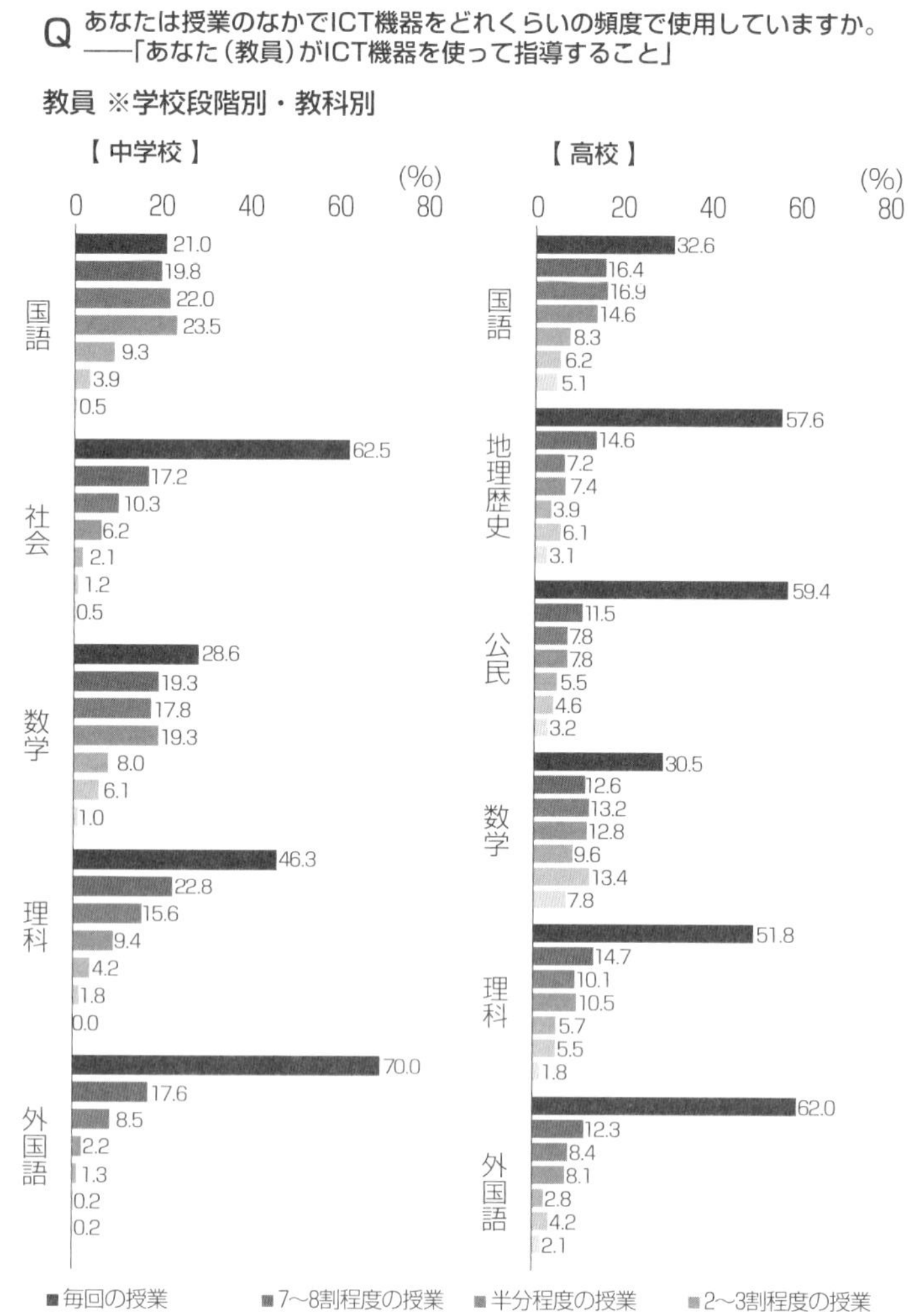

出所）ベネッセ学習指導調査2023年研究会資料より作成

さらに、ＰＣの使い方に関わって検討課題を並べる。

ＰＣの使い方は、どの教科でも、①授業支援アプリケーション、②デジタルコンテンツ、③オンライン授業の三つの形態で利用されていることは何度も指摘してきた。①と②の利用が多く、オンライン授業は感染症による休校など非常事に限られるようになってきている。それ以外のオンラインによる利用としては、学校外の人とのコミュニケーションのツールとなることもあるが、そうした利用は全体としては少ない。

授業支援アプリケーションは、開発会社ごとに細部では違いがあるものの、基本の機能に大きな差はない。今後も改良は続くだろうが、根源的に教材の提示に限界があること、子どもの学習活動のごく一部しかつかめないこと、コミュニケーションに制約が大きいことなどの限界を踏まえる必要がある。便利さによって何が失われているかというまなざしを欠いた言説（広告）は、信頼に値しないといっていいだろう。

学校階梯によってもＰＣの利用頻度は異なる。普及度合いの違いもいくらか影響していると考えられるが、現在のところでは小学校が多く、学校階梯が上昇するにつれて減少する。この理由は、まだ断定はできないが、受験を意識すると利用頻度が下がる傾向があるとは言えそうである。また、基礎的な内容のデジタルドリルを導入している小学校では利用頻度が高く、より多くの内容を先へ進めることが求められる学校階梯では少なくなると考えられる。

教師の負担との関連も影響していると考えられる。これまでに論じてきたこととの関連で言えば、より多くの教科を担当して短時間に教材を準備する必要に迫られる小学校では、デジタルファイルとして用意されているデジタル教材を使用する比率が高いといった要因が推定できる。利用実態の調査が継続されないと断定は難しいが、先の調査等からの推測として一定の妥当性があるだろう。

高校は、学校の階層的な違いもある。タブレットPCの配付状況は学力階層が上位の学校の方が整備状況は早かったが、その利用状況は必ずしも高くない。これは、数学を例にとると推測がつくことがある。算数ではデジタルドリルとしての利用の比重が高いが、教科名が数学に変わる中学校・高校からは学年進行とともに減少し、特に高校では減少傾向にある。とりわけ進学校では授業での利用比率が下がる。それは、単純ドリル的な学習活動を授業に組み込まず、異なる課題を行っていることがその要因と推測される。進学校の場合、学校単位や個人単位で教育産業のデジタルドリルを契約しているとしても、授業の時間にそれらを利用する確率は低いと想定される。断定はできないし今後の動向もわからないが、受験との関連も視野に入れておく必要がある。

以上の考察は、授業の質的向上、あるいは子どもの学びにとっての必要性からＩＣＴ機器の利用頻度が異なるというわけではないことを示している。受験等の理由から影響していると推測できるということである。したがって、教育活動における利用の適否の観点からの研究こそが求められる。ＩＣＴ機器の弱点と教育活動の定型化・貧困化に抗して、リアルな学びこそ今求められている。

註

（1）文部科学省「StuDX Style」https://www.mext.go.jp/studxstyle/

（2）ベネッセ総合教育研究所「小中学校の学習指導に関する調査２０２１」https://berd.benesse.jp/shotouchutou/research/detail1.php?id=5694

（3）山田綾・鶴田敦子編著『家庭科の本質がわかる授業①生活を見つめる食』日本標準、２０１０年等参照。

（4）遠藤大輝「『食べる』ことを探究する授業」『高校生活指導』２０７号、教育実務センター、２０１９年、参照。

（5）文部科学省「個別最適な学びと協働的な学びの一体的な充実に向けた教科書・教材・ソフトウェアの在り方について（案）～中間報告（論点整理案）～」２０２２年、https://www.mext.go.jp/content/20220825-mxt_kyokasyo02-000024664_3.pdf

（6）OECD "Recommendation of the Council on Children in the Digital Environment" https://legalinstruments.oecd.org/en/instruments/OECD-LEGAL-0389%20
経済協力開発機構（ＯＥＣＤ）編著『デジタル環境の子どもたち』明石書店、２０２２年。

（7）日本野鳥の会「教材『海洋プラスチックごみについて考えよう』を作成しました」https://www.wbsj.org/activity/conservation/law/plastic-pollution/kyouzai/

（8）「ベネッセ学習指導調査　２０２３年研究会資料」より引用。公表された概要版データは以下のサイトにある。https://berd.benesse.jp/shotouchutou/research/detail1.php?id=5927 本書引用の教科別利用頻度の資料は未掲載である。

第6章

自由進度学習と「個別最適な学び」論の課題

1　自由進度学習への再注目

「個別最適な学び」というスローガンの流布とともに、急に宣伝されだした取り組み方が「自由進度学習」である。中教審の委員の著作に取り上げられ、「自由進度学習」をタイトルに付したマニュアル本や実践本が刊行されだした。YouTube あるいは新聞やテレビに取り上げられることもある。そこでは、「子ども主体の学び」が実現し、「自立した学習者を育む」などといった言葉が踊る。本当に言葉通りならよいことのように聞こえる。だが、本当にそういう実質のある教育実践が生まれているのだろうか。仮によさを持った教育の方向だとしてもそこに課題はないのだろうか。いや、そもそも明るい見通しを持った教育方式なのだろうか。そうしたことを中心に検討する。

ところで、「自由進度学習」とは何だろう。日本国内でこの言葉を学校実践として使用したのは、個別化教育を1970年代に推進した学校と研究グループである。その意味で再登場した言葉である。50年あまりの蓄積もあってのことであろうが、「自由進度学習」の学習課題の範囲や取り組み方は複数ある。さし当たり、日本国内でこの言葉を早くから使用した個別化教育の実践校や研究グループの取り組み方を念頭に、簡潔にいうと次のようになろう[1]。「自由進度学習とは、教科書に沿って教師が作成した学習課題を子どもが自分の立てた計画に従って学習する方式のことである。」

自由進度学習は、その学習課題への取り組み方によって異なるタイプの実践がある。その違いに応じて、生まれる課題と問題点も当然違ってくることもあるし、取り組み方の違いを越えて共通する課題もあると考えられる。よって、同じ自由進度学習といっても異なる可能性があることを意識しつつ、共通すると考えられる課題や問題点を検討したい。また、これを「個別最適な学び」の典型例とする考え方自体に問題がないかどうかを本章では考えてみたい。

2　自由進度学習の国内起源と取り組み方

同じ言葉を使っていても何を起源とするかで捉え方に思い込みを誘発し、評価の違いにつながることがある。起源は、なにより事柄の基本的性格を規定する可能性が高い点で重要である。意味づけやその取り組み方に違いがあることを意識して、ここでは二つを取り上げる。

自由進度学習は、学習テーマ・学習課題を教科の単元に限定するものが多い。しかもその単元構成は、教科書をそのまま前提にしていることが多い。その意味で教科書中心主義的な取り組みである。そのために「単元内自由進度学習」と呼ぶ人もいる。「単元内」と敢えて呼ぶということは、単元を越えた取り組み方が有り得ることを意識しているということであるかもしれない。だから、教科の単元という制限をわずかに外すと、例えばそれが教科の探究学習が推奨されている単元部分の場合には、学習課題が教科書の事例とは異なる探究学習風になることもある。もう少し外して総合学習や教科外の活動領域と連携させると、教師が用意した学習課題ではなくなるために自由度は格段に増大する。さらにそうした枠組み自体を外した教育構想も考えられる。けれども、このグループは教科書の枠内に留める。だから自由と言うが、さほど自由ではないし、「子ども中心」でもない。反対に、世界トップクラスの自由さを持つと考えられるサドベリー・スクールは、子どもが自分で活動の計画を立てていく点では類似点を持つが、海外に起源を持つ側は自らを自由進度学習などと呼ばない。

ともあれ、この限定的な自由進度学習が「個別最適な学び論」と係わらせて流布されている。そこで「個別最適な学び」と自由進度学習の関係の捉え方については本章の最後に取り上げる。まずは、自由進度学習を自認する側の位置づけや取り組み方の違いを紹介することから始める。

なんと言っても自由進度学習の草分けと言っていい東浦町の緒川小学校の例から始める。同校は、加藤幸次らが個別化教育の一つとしてこの取り組みを始めた。これは、加藤の説明によればイギリスの中央教育審議会が１９６６年に出したプラウデン報告が元になっているという。[2] プラウデン報告は、イギリスの伝統的な階級化・階層化された教育に対して、進歩主義的教育方策として打ち出された。[3] すなわち子どもの発達は子どもによって違うとし、個別学習やグループ学習あるいは活動的カリキュラムを重視するもので、米国ではオープン教育と呼ばれるものであった。この報告は、イギリスにおいてはほどなく産業界等からの批判に晒され論争となっていくが、加藤は報告に学んで具体化したとしている。したがってともかく、緒川小学校においても自由進度学習だけが提案されたわけではなく、それはオープン教育のいくつかの形態の一つであった。それが緒川小学校等で始まった自由進度学習である。その進め方を見てみよう。

まずねらいは、㋐単元のねらいを達成しつつ、㋑自己学習力を育てることの二つだとする。だから、この場合の単元のねらいは教科書単元を指すので、単元内自由進度学習という立場をとっている。緒川小学校に勤務した竹内淑子の自由進度学習の手順の定式化に即して構成を並べる。[4]

①ガイダンス：単元の目標や学習課題と学習の流れを記した「学習の手引」プリントを教師が提示。
②計画：「学習の手引」を参照しながら子どもがそこに並べられた個々の学習課題を実施する日時を記入し計画を立てる。
③追求：計画に従って原則として一人で課題を遂行する。遂行具合を教師はチェックし、

到達ラインを越えた子には発展課題が提出される。

④ まとめ：学級全体で学習課題や学習内容の理解度を共有・確認し振り返りをする。

こうして見ると、単元内自由進度学習は、学んでいる内容は概ね教科書に即したものであり、それぞれの単元でポイントと考えられている内容に対応した学習活動が教師によって原則的にはすべて準備されていることがわかる。特徴は、原則として一人ずつが学ぶ時間が大きな割合を占め、学級全体で話しを聞いたり考える時間は最初と最後の部分だけという点にある。子どもが計画する期間は緒川小の場合は一週間単位を原則としている。もう一つの特徴は、その間の学習活動の順番を子どもが自分で決めるという点にある。決める基準は子どもによって違ってよいことになっているが、実体としてはいわゆる学力に対応した課題系列であることが多い印象は否めない。実践記録には子どもの決め方の定番に論及しているだけのことが多い。

なお繰り返しとなるが、緒川小学校も個別化教育の取り組みは他にも実施しており、テーマを子どもが決める形態のものもある。自由進度学習は全体の一割程度としている。通常の形態の授業が過半数となっている。

近年話題の天童市立天童中部小学校の「マイプラン学習」の場合も、一つの単元の学習を自分で立てた学習計画に沿って子どもたち一人一人が取り組んでいく。こちらは他者に相談することもあるが、進行パターンは緒川小学校に近い単元内自由進度学習となっている。[5] その実施比率はこの学校の場合も全体の一割程度としている。

単元内自由進度学習でも、取り組み方の違う実践もある。蓑手章吾の場合は、一時間の授業時間の中で以下のように進める。[6]

①ミニレッスン：授業の最初10分で1単位時間すなわち45分間に理解すべき内容を教える。

②めあての記入：子どもそれぞれが自分のめあてを記入する。

③学習：めあてに対応した課題を遂行する。その際、課題は原則的に教師が提出したものを解く。

④振り返り：授業の最後の10分に行う。

蓑手も単元内自由進度学習だが、そのサイクルが短く45分で完結する。蓑手は短い中に「自己調整学習」の発想を織り込もうとしている。「自己調整学習」はジマーマンらが提唱した理論で、学習者がメタ認知や動機づけによって自分自身の行動に能動的に関与する機序の研究に基づいた学習を指す。[7] 自己調整を意識化させていく必要からサイクルが短くなっていると考えられる。実践の発想として子どもに自己調整力を育てたいという思いが強く存在しているわけである。

短い中に課題の難度の違うものを複数提出し、子どもにそれらの中から自己の目的意識に応じて選択させて計画を立てるように促していく。したがって、一授業時間内の同一の単元内の課題だが、子どもによって取り組む課題の違いは大きい。教師は、教師が提出した課題について、授業の③の時間の途中から解き方と答えを子どもに順次提示する。したがって子どもは解かなかった課題も別の時間に解こうと考えれば解ける。だが、現実には子どもごとの取り組み課題と回答量に大きな差があると推察される。

他にも、学力的に低いと見なされる子どもを集めて一つのグループとし、教師の説明と助言の下で進行する単元内自由進度学習もある。この場合は、それ以外の学力的に中上位の子どもたちは自分の計画に従って学習を遂行することが想定されている。子どもの学習課題のプリントが山積みされ、それを解いているだけに見える場合などは「個別指導」を売りにした学習塾に酷似しているように見えることもある。実際、学習問題をクラウド上に挙げておいて進めるので教育ＤＸだと宣伝しているところもある。なお一人で学習するとは限らず、ペアを組んだり、途中で相談をしたりといったことを推奨する取り組みもある。自由進度学習にも学校や教師によって違いがある。

これらの取り組みの課題・問題点は何だろうか。

3　自由進度学習の学習課題の困難

自由進度学習が構造的に抱えている課題は何か。個別実践において計画を立てられない子や、学習課題の追求の時間に遊んでいる子が多いといったことではない。そうしたことは教育実践上は誰が指導しようと何ほどか発生する事態だからである。直接に方式に起因すると考えられる課題である。

まず、最初の課題は教材構成レベルに存在している。複数の学習課題を作成する困難である。教師は「学習の手引」・学習課題を多様な子どもの存在を意識して作成する必要に迫られる。難しさは、子どもの一人学びが成立するように、教科書から全員に対応させようと課題を作ることにある。各種の実践報告を見ればわかるように、実際は、教科書の課題を易しい課題系列と難しい課題系列の二つを作成していることが多い。教科書自体が基本問題と応用問題を明示してある場合には、この方式の学習課題をとりあえずは作成しやすい。教科書通りに類似の学習課題を作成すれば一応できたことになる。だが、単純に基本と応用の二区分で済ませると、学習過程としては不十分な学習しかしない子どもたちが出現することになる。さらに言うと、取り組み方を工夫しようと考える時、一人学びを頑なに固守するタイプの自由進度学習は取り組み方に制約を生む。基本的な理解を目指す課題から、難度の高い課題の理解につながる学習活動を構想する志のある教師は悩むことになる。基本的理解からより高度な理解へと架橋する課題を一人学びを前提に考えることが難しいからである。子どもの能力に応じてどれかの階層を切り捨てることをせずに、子どもが一人で越えられる可能性のある課題を構想しようとすると難しい。厳しい言い方をすれば、その構成が単なる能力主義的コース設定に陥る場合があると批判しているわけである。そうでないとしても、学びが認識の発展となるように一人学び用の課題を複数準備することは難しいということである。

教材レベルの二つ目は、教科書記述そのままに学習課題を設定すると子どもに誤解を生む困難である。教科書記述が一面的で誤解を生むような場合である。例えば、近代家族の機能にばかり焦点を当てて、現代の家族の多様性を記していない場合などに、単身家族やステップ家族への偏見を生むといった事柄である。よい教科書であった場合にも発生する。意図的に子どもの間違いやすい捉え方や考えを広げるヒントが仕掛けられていたり、意図的に複数の見方や間違った捉え方を記すことで、多様に考えることを促していることもあるからである。そもそも教科書は完璧に作成されているわけではなく、さまざまな制約の下に作成されている未完の資料集である。その証拠におよそ四年に一度改訂され続けている。したがって、自然科学的な内容の場合にも一面の見方だけが記述されていることもある。これらの飛躍を学習過程で越えていくことが想定されているものなのである。だから、教科書を神聖視しやすい人が不十分な教科書記述に準拠して学習課題を作成すると、間違った認識を再生産する危険がある。複数の子どもが同時に学んでいると、別の見方が子どもから示されて不十分さを結果的に補うことも生まれなくはないが、一人で学ぶことを原則にしていると気づきにくいのである。

教材レベルの三つ目は、自由進度学習の場合、学習の途中から生成してくる学習課題の準備が難しいことがある。それは、一つの課題を解いて初めて子どもたちの間に浮上してくる疑問や認識の分裂が生じるそういう教科内容・教材の場合である。予めそれを課題として準備しておくことが難しいのである。具体例を織り込みながら学習課題のつくり方と併せて説明しよう。「学習の手引」・「学習の手引」に入れる学習課題は、竹内の著作に小学校理科「てこのはたらき」の「学習の手引」・「学習カード」が多数提示されていて考察に都合がよい(8)。これを見ると、教科書の頁を指定して「調べてみよう」、「教科書にある問題を解いてみよう」、「つくってみよう」と、教科書にあるそのままの課題を並べたものがまず並ぶ。工夫した表現の学習課題もある。例えば、子どもの取り組む活動の趣旨は教科書と同じだが、子どもの活動にゆらぎが少ないように表現をより明示的な言い回しにしてある。あるいは、教科書にある問題を、てこの重さと距離を教室で使用する素材に応じて数値を変えて釣り合うパターンを探させたり、発展問題では教科書にある課題を具体的に子どもの周辺で探させたりといった課題に変更してある。教科書と同じ趣旨だが、子どもが取り組みやすくなる工夫にベテランらしい知見が読み取れる。これらを完遂すれば、単元の表のねらいを達成できる。

それでも、教科書の記述の裏にある仕掛けは、学習課題にしにくいのである。これは構造的弱点に属する。教科書が、長年の実践的蓄積をそれなりに反映して裏に仕掛けを設定している場合、取り組んでいくと浮上する教科書に込められた仕掛けが表の課題だけではスルーされてしまうのである。

具体的な事例で示そう。竹内の本で取り上げられていた「てこのはたらき」の学習には、てんびんの実験において、おもりの重さ（質量）を変えずに一方のおもりを支点から遠ざけていくと、おもりが重くなったと応える子どもが一定数いることがわかっている。手の感触としては、たしかに重く感じて正しいのだが、おもりが重くなったわけではない。こうした一定の比率で誤解を含んだ認識が生まれるポイントがここにはある。学習カードには「どこで釣り合うか？」を問う課題が準備されている。当然、子どもは課題への解を確かめ釣り合う場所を記入し、課題としては終了する。しかし、ここで解いて終わりにするのではなく、「重くなったのだろうか？」という疑問が追加で提出されなければならない。自由進度学習ではこうしたことができにくいのである。

ある小学校理科6年生用の教科書には、学習するための教材と取り組み方のヒントが示され、力点が支点に近づくと大きな力が必要になることなど、一定の関連があることを見つけ出す実験装置が示されている。(9) 学習課題としては、実験しながら感触や重さが同じとなる場所を探させることが教科書準拠なら普通となる。しかし、「力の大きさはおもりの重さに置きかえることができる」と考えるヒントが記されている。これが教科書の仕掛けだ。「力と重さは別なのに同じなのか？」「なぜ置きかえてよいのか？」こういう疑問が登場することを促している。

これらが、課題を解きだしてから浮上する疑問の例である。重さや力という見えにくい概念の学習場面では、特に学級での取り立ての指導が求められる。こうしたポイントが授業で浮上するかしないかで教育実践の質は大きく変わる。

そうであるならば、学習のポイントを想定して学習課題を作成すればいいではないかと誰しも考えるであろう。子どもにそうした不十分な認識が生まれる可能性のある問題はある程度準備され、作成されてはいるのだが、一人学びの場合は、学習課題として釣り合う場所を記して終わりとなっている。

仮に、子どもが陥りやすい認識の仕方に応じた説明やヒントを先に記してしまうと、今度は子どもが自主的に深く思考することが難しくなってしまう。その課題に取り組んでいる者同士が、理解の仕方を交流する中で違いを浮上させる学びをつくることが自由進度学習は難しい方式なのである。

「手応え」のような見かけの重さ（力）とモノそのものの質量の違いを顕在化する助言は、教師と子どもたちがともに学んでいる場合には浮上させやすい。だから、教科書通りの課題構成だとしても、子どもの学習活動場面に教師がいるとは限らない個別化された自由進度学習の場合には、適切な瞬間に教師が登場することが難しい。自由進度学習は学習における共有の時間の補充で済む程度の内容であれば問題は小さい。だが、自由進度学習は学習課題が先にすべて示されていなければならず、そこに学習後に浮上する裏の課題の説明があったのでは答えも書いてある練習問題となり、学習の意味が半減してしまうだろう。ここにこの学習方式の構造的弱点の一つがある。

教科書は、つまずきやすいポイントをある程度カバーしているのだが、すべてではない。子どもに全部を説明するような教科書記述では、学習の中で子どもが世界を発見する体験にはならない。そうしたポイントが各教科に多数存在していることを教科的な知見のある教師は知っている。

以上のように見てくると、自由進度学習は、教科書に織り込まれた仕掛けを子どもの一人学びの課題として作成する場合、多様な違いを抱えた子どもを切り捨てずに、基本的な理解のポイントを超えていく課題の設定に困難のある学習方式と考えられる。こうした困難をどう越えるのか、越えられるのか、設定する学習課題に係わる難題である。

4 自由進度学習はつまずきからいつ回復するのか

どんなに準備された学習課題であっても、子どもはだれしもつまずく。概念的な思考操作が得意な子どもも具体的操作が得意な子どもも、その「適性」に沿った課題を解いていてもつまずく。これを克服するのはいつどのようにか。そんな学習活動レベルの困難が第二の課題である。すなわち、子どもが学習課題の取り組み方や単元内容の理解を間違えた場合の回復対応である。

自由進度学習は、教科書と原則的に同じ内容で、自由なのは学習の順番とスピードだけで、進度に違いはあっても順調に解けている場合には問題が顕在化しない。一授業時間ごとに終わる蓑手の場合も、誤解なく解けている場合には問題はないように見える。むしろ、自由進度学習はゆっくり基礎的な理解を目指す子は急かされないメリットがあり、早くわかってしまう子には難度の高い課題にチャレンジできることがメリットと自由進度学習を推奨する側が言うとおりに見える。しかし、そこで問題がないように見えるのは、基本的に学習の速度だけを問題にし、公認の解き方と正答かどうかだけを見ている授業知だからである。子どものわかり方が所定の速度で達成されているならば、問題は意識されないままとなる。

しかし、子どもの間違った理解や不十分な「でき方」で進んだ場合には課題が出てくる。当然、自由進度学習賛同者は、そんな場合の対応方策はあるというであろう。確かにある。途中の教師によるチェックや単元最後の場面の振り返りがそれである。しかし、これは子どもが取り組んでいたその時間とはずれが大きく、見逃されてしまったり、後の授業時間となる確率が高い。しかも原則的に子どもが一人で課題を解くことを求める方式を採用している場合には、間違った認識のままの時間が長くなる可能性が高い。間違いを書き直す時間はあっても、考え直す時間は保障されていない。そう見ると、つまずきの越え方に課題があることになる。教師の教えと子どもの学びが交流する機会や構成に検討の余地がある。

これも具体例で考えてみよう。近年の場合タブレットPC上に回答を提出して教師が確認していく事例が増えているが、教師が正答とみなした回答と同じかどうかをチェックしていることが多く、子どもの思考過程を想像する対応となっていないことがかなりある。子どもの回答の趣旨をその場で摑むことができないからである。学習活動自体が重要な場合にはさらに困難となる。例えば、国語の課題として多く取り上げられるのが音読である。音読は、一人で活動することが容易いように見える。一般に、音読に期待されるのは、間違いなく読めること、表現読み、話しの内容の理解の三つだが、訓練的性格を強く持たされてしまっていることの多い活動である。その意図を汲んだ取り組み方をする子も多く、早く読み終わらせようとする子、過剰な表現スタイルに陥っている子も散見される。一人学びで音読をすると、訓練的に済ませられることが多い。

どう違うのかを別の実践の展開と比べてみよう。学級でよく音読を織り込んでいる霜村三二の「たぬきの糸車」の実践に次のようなシーンがある。(10) これは公立の学級において皆で次のテキスト部分を読んでいた時のことである。

「土までごはんをたきはじめました。すると、

キーカラカラ　キーカラカラ

キークルクル　キークルクル

と、糸車の回る音が、きこえてきました。びっくりしてふりむくと、いたどのかげからちゃいろのしっぽがちらりと見えました。」

この部分を、子どもたちが調子に乗って元気よく読んでいる時、霜村は音読にストップをか

けて、「そういう読みでいいのかな?」と問いかける。

こうして場面の状況の読みが始まる。おかみさんのいるところは土間の奥の炊事場、音のする糸車のところは少し離れていて、回す音はそんなに大きなものとして聞こえないはずだとすれば、元気よく読んでしまっては違うだろうということが見えてくる。

子どもそれぞれが自由進度学習で音読したのでは、こうした対応ができない。それを可能にしたのは、子どもたちの読む声をリアルタイムに聞いているからである。子どもの間違った学習活動に対応することが一人での学習活動の時にもなくはない。音読の際の注意書きも考えられるが、それでは解決が難しい。音読は、本当は一人での活動としてはふさわしくないとも考えられる。音読は、朗読であって、読み手だけで成立するのではなく、聞き手がいて初めて成立する活動なのかもしれない。拡張して言えば、人の活動には、本来的に一人では成立しない活動も多いということである。学びは「まねび」という語源からもわかるように根源的には一人では成立しない。ともかく、実際に不十分な活動となっている時の応答をどうするかは学習活動レベルの課題なのである。これは自己調整で済む話しではなくて、教材の解釈が不十分な場合にはできない問題である。その意味でこれも弱点と言っていいだろう。

こうした問題を一般化して言えば、教師と子どもがともに教え学ぶという立ち位置をどこにするかという問題がそこにあることがわかる。宿題の○付けとは異なる授業を展開しようとするのであれば、子どもの学びの有り様と学んだ結果の妥当性が他の子たちからも吟味される必要がある。個々の子どもの学んだことの価値が皆の前で値打ち付けられることも必要である。子どもが学ぶ課題や進度を自由に決めることがあっていいのだが、その場合の子どもの活動の性格として、一人で成立する性格のものか、それとも複数なのか検討する必要がある。一人で取り組んでよいものは学校で行わなくてもいいかもしれない。また、どれであれ教師はどこに位置するのか研究が必要である。

したがって、自由進度学習を一人で一貫させると形を決めてかかると、学びを貧困化させる可能性が生まれてしまう。自由進度学習も取り組み方として型に拘ってしまうと、メリットがデメリットに転化してしまう可能性がある。

以上のように検討してくると、教科書通りに単元全体を漏れなく課題を作成し、計画の立案と実行を子ども一人で行うのではなく、複数で時に学級全体で探究する学びに再編する自由度が必要となる。単元全体を子どもが計画すると決めてかかることをやめることもありうるだろう。基本的概念の理解として重要と考えられる内容の場合、自由進度学習には向かない可能性が高い。個々の子どもが探究した結果を後で交流するような場合は有り得るかもしれない。探究的な活動が期待される場合には、子どもと相談しながら計画を立てることもありうるだろう。その場合は、教師がすべてお膳立てした学習課題の遂行という束縛から解放され、子どもの関心に対応した課題化も可能となる。教科書の課題にすべて囚われるのではなく、教師の専門的知見を反映した教材と課題に改変する。学習活動におけるつまずきポイントでは教師が介入し多様な学習形態の授業に転換する。こうした柔軟さを視野に入れておくことがさしあたり必要であろう。形に拘らないことが三つ目の課題である。さもないと、自由進度学習こそが学習の定型化と貧困化の学習方式に転落してしまうからである。

5　自由進度学習の制約から

自由進度学習の困難を越えて行くには、これまで論じてきたことの帰結である教科書準拠の制約を解くこと、単元単位で全部実施する制約から自由となることができるかどうかがポイントとなるだろう。そして、もう一つは、個別学習と協働学習に二区分する発想の転換も必要である。

おそらく、このような問題を抱えているとしても、子どもが自分一人で取り組む学習方式が政策的に進められる可能性がある。そこに自由進度学習が動員される可能性は高い。そうなると、提出される学習課題はさらに単純化する可能性がある。学習課題への取り組み方が複雑で抽象的な設定では教師も子どもも取り組みにくいために、単元ごとに学習課題例が自由進度学習向けに配信される可能性が高まるからである。学習課題と進行の型が決まってくると、自由進度学習は「自由」という言葉が付いているものの、ますます「自由」ではない学習になっていく。

他方で、テーマも取り組み方も自由度が高い総合学習や教科の探究学習の実践もある程度広がるだろう。課題内容の選択も教科書に示された枠内のものもあれば地域課題あるいはＳＤＧｓの領域からなどかなり広い設定のものに型わけされていく。課題は多岐に渡るが、組織形態として個人で行うと個別学習に、グループや学級全体で実施すると協働学習に分類されていくだろう。この組み合わせを柔軟に考えさえすれば、自由進度学習の困難を部分的に改善できる可能性が生まれる。一定時間を一つの学習形態で続けてしまい、それぞれを型わけする貧困な発想は再考する必要がある。直接には、個別化された学習と協働的な学習を二区分して捉える見方を改廃するだけで視野は広がるだろう。

自由進度学習を「個別最適な学び」とだけ関連づけ、協働もしくは共同は別の時間と取り組み方に位置づけてしまう考え方は狭すぎる。実際、世界の個別化や協働の教育動向はそうした機械的な二区分とは異なっている。海外に起源を持つ教育は、個別化と協働もしくは共同とが何らかのつながりを持って展開されている。

日本において個人ごとの学習の機会が多い取り組みとしてある程度知られている方式には、イエナ・プラン教育あるいはフレネ教育がある。現在日本で紹介される機会が増えているイエナ・プラン教育は、発祥はドイツだがオランダで実践されているもので、フレネ教育の影響を受けたものである[11]。学年ごとの一斉教授を批判し、子どもの自由な学びを強調するが、三歳差のある子たちが同じクラスにいてともに学ぶ編成となっている。あるいは、フレネ教育では、子どもの自由研究が推奨されるが、その研究結果は皆の前で発表され時に厳しい批評に晒される[12]。

また、「興味の複合」というキーワードがあり、個々人の興味関心は周囲に広がっていくと考えられていて、孤独に個人の関心で探究をすればよいとは考えられていない。つまり、個々人の学びは共同とつながっているのである。ここが「個別最適な学び」と「協働的な学び」を並列的に並べる構想との違いである。また、イエナ・プラン教育でもそうだが、言葉と数の学習は基本を重視した学びとなっていて、なんでも子どもが好きに学んでいると考えるとまったく違う。

自由進度学習は、実態としては子どもの能力を中心に判定し、そこに子どもごとの違いがあると見る傾向がある。他方イエナプランは、「どんな人も、世界にたった一人しかいない人」として位置づける。ここには大きな違いがある。イエナプラン教育やフレネ教育が理想かどうかではなく、子どもを中心に置くとは何かを考えたいものだということである。近年の言葉で言えば、ウエルビーイングを持ち出したとしても、かつての児童中心主義に陥ったり、産業や社会の都合から子どもを診断して「最適な場所」に子どもを配分したのでは子どもは救われない。

6 「個別最適な学び」論の誤解と誤認

最後に、「個別最適な学び」論が自由進度学習を担ぎ出す時の議論の抱える問題点を確認し、一人ひとりに注目しつつ教えと学びを両立させる方向を展望したい。

「個別最適な学び」の具体例として自由進度学習を推進する奈須の論を取り上げる。奈須は、まず現在の日本の教育の問題点として「正解主義」と「同調圧力」を取り上げる。これから脱却して「自立した学習者」を育てることが大事だとする。そのために多様な学習法を提供し、子どもがそれぞれ自分にあった学習法を知り自力で学習を計画・実行していくようにするのだという。また他方で、補足的なニュアンスだが、個々の学習が「孤立した学び」にならないように、協働的な学びも大切だという。[13]

確かに、「正解主義」や「同調圧力」が社会にも学校にもあり、問題を抱えている。この認識には同意できる人も多いだろう。認識の違いが見え出すのは、「自立した学習者」がどう育つのかという展望と、「正解主義」や「同調圧力」を生み出したとする近代の学校の教授法の評価、そして教師の役割についての部分である。

展望については最後に回し、まず近世・近代の教授法の評価から取り上げる。近代以前の寺子屋などの教育機関は「大勢の子どもが一つの部屋に居合わせたとしても学習は個別的に進められ、教材も一人ひとり違っていた。（中略）師匠が呼んでは、少しの時間、個別的に指導するのが基本だった」[14]としている。基本は個別だと言いたいのかもしれない。江戸期の藩校や私塾そして寺子屋の学習形態には、確かに重要な手法として個別指導があった。だが、師が全員に解説をする「講読」もあれば、人が集まって書物を読み合いそれについて論じ合う「会読」などもあり、多様であったとされる。[15]寺子屋は法律に基づく学校ではないため、入塾時期も決まっておらず、教科書が決まっていたわけでもない。その意味で自由に見えるかもしれないが、必ずしもそうではない。

寺子屋ごとにテキストにあたる往来物が準備されており、多様ではあっても教科書にあたるテキストには「仮名」「文章」「人名」「地名」などを取り上げた往来物の定番・共通性があったとされる。[16]こうした事実を踏まえると、奈須のこの論点で問題となることが三つある。一つは、藩校や私塾は特権階級・階層の一部の子どもしか学べなかったし、寺子屋も庶民の子ども全員が学んだわけではなく、寺子屋は期間も一年から二年程度であり途中挫折する子もいた。女性の識字率が低かったこともわかっている。階層格差は大きく、差別的であったのだ。つまり個別化は自由ではなく、差別とつながる側面を持ち、学ぶ機会に恵まれない多くの子たちがいたのである。二つは、一部の塾には教養的性格のものもあったが、支配層には支配層の必要があり、寺子屋も庶民が働いて生きていくために識字が必要となって普及した教育機関であった。生きるために学んだのである。すなわち個性に合わせて学んだわけではない。三つ目は、その教授法は個別指導に限られてはいなかったことである。個別指導こそがいつも基本であるなどと捉えると違う。人の知は共有されて知となるのであって、個人的所有物ではない。よって、正答を教えられて自分だけが納得して終わる学び方でよいわけがないのである。

次に、奈須は、近代の学校の特質を一斉教授とし、一斉が安上がりの教授法であり、いつも一斉に同じ行動をさせる「雀の学校」では多様な子どもの学習のスピードに対応できないシステムだと描いている。[17] これも一斉教授の一面としては正しいが、まさに一面的である。奈須が言うように、教師の問いに子どもが一斉に正しい答えを言う問答法が明治期に紹介され広まったことは事実である。だが、ほどなく一斉ではない開発主義の教授法、さらに生活綴り方など子どもが思ったこと考えたことを書き発言する教育方法、戦後で言えば教科内容研究とともに、多様な考えを言いあう集団思考や討議・討論が学級の中で展開されていくようにもなる。[18] 現在の学校において、奈須が描くような「雀の学校」風景はずっと限定的である。学級教授だから画一的とは必ずしも言えないのである。多様な子どもが集まることで、多様な意見交換が生まれる時間と空間を作ってきたのである。寸分違わぬ行動・反応を要求する管理主義は、学級教授方式が生んだわけではない。国家主義と軍国主義が制服や儀式を教育に持ち込み、産業主義が人間を人材と見る中で持ち込んだ労務管理方式によるものである。

さらに、教育の展望となると大きな違いが現れる。奈須は、学級を単位とした教材の準備や問答等を「協働的な学び」として限定的に一応位置づける。[19] しかし、それを「個別最適な学び」の構想の部分で次のように述べる。「指導の個別化」から始めて、やがて「自分に最適な学びについて知り、さらに自己調整しながら自力で計画・実行できるようになることを目指す（学習の個性化）のと同様に、協働的な学びでも、そのイニシアチブを全面的に子どもにゆだねてはどうか」とする。[20] こうして自由進度学習を推奨していた理由がまずはっきりする。「指導の個別化」と「学習の個性化」が教育の中核であり、その一里塚を自由進度学習と見ているわけである。だから「協働的な学び」はやむを得ず副次的な位置に残しただけなのである。その「協働的な学び」も決定権を子どもに委ねる学習の個性化の仕組みと同じものに変えようと構想しているわけである。どちらの学びタイプもこの展望の下では、教師の専門性を狭く貶めても教育が成立すると見ていることがわかる。

自力で計画・実行できるような人間の形成を、目指すべき目標像としてなら賛同する人もいるに違いない。教育基本法の第一条に「教育は、人格の完成」を目指すと書いてあり、一人前ないし自立もしくは自律を教育の目標として語ってきた。個人の自立が全面的によいことかどうか、実現しうることかどうかケア論的には疑わしいが、その疑義はいったん置く。ともかく目標レベルではなく、制約の多い手法で進めるとなると、問題を抱えた議論であることがはっきりしてくる。

すなわち子どもにそれは実現可能なことか？ 自立に向かう取り組みは多々あるだろうが、イニシアチブを全面的に子どもにゆだねるとなると、それは違うだろう。なぜか？

子どもは確かにひとりずつ異なるが、物事を認識していく筋道や発達の歩みには大枠において法則性があると考えられてきている。大枠を踏まえた教育に妥当性があると考えるなら、そういう教育を子どもに保障する必要がある。当然、大枠は一本道などではなく多様な歩みがあるが、どの歩みであっても保障していくには、発達研究や教育研究の成果を踏まえることが必要だが、子どもだけでは難しいだろう。実際、奈須が持ち出す自己調整学習論自体がまだまだ研究の途上であり、途上の成果をどのように子どものイニシアチブとして実現し、計画の立案につなげるのか。多様な手法を持つ学級教授を一斉教授に矮小化して把握していると思われる。

教科教育学と教育学は、子どもに何を教えるべきかを研究してきた。現在と今後の社会を生きていくために必要な知と技の内容とその選択基準を教育課程として研究してきた。この選択が学ぶ内容について知らない子どもにできるだろうか? もっと具体的なレベルでも、個々の教科内容に関する研究を行ってきた。例えば、小学3年生が学ぶ割り算に等分除（1あたり量を求める）と包含除（いくつ分を求める）という考え方の違いがあるが、こうした考え方を教科書は考慮して作成してある。多くの子が混乱することがわかっているが、この考慮を子どもはつかめるのだろうか? ゼロは小学1年生から取り上げているが、この数と記号の意味を自立的に学ぶ計画が立てられるだろうか? 問題の配置だけではなく、意識的な教科内容理解を多様なコミュニケーションを通じて育てていくことが必須である。奈須の議論には教育内容論的視点が弱いのではないか。

さしあたりは学校で具体化できる事柄だけを考えているとすれば、教科書準拠の自由進度学習のように、子どもに委ねるフリ、子ども中心のフリだけしていることになる。

さらに具体的な取り組みとして奈須は、自由進度学習などの個別化教育、あるいは教育のICT化を取り上げている。だがこれまでの章で論じてきたように、個別化や教育のICT化は、教育を多様化させるように見せて、画一的な教育をむしろ生んでいる側面がある。すなわち、学習スピードに応じていると称し、類型化された学習課題が用意され、定型化された回答が示される事態が一面では生まれている。それは、PCによる正解管理主義にすぎない。自由進度学習において、子どもの回答が教師の回答と同じであれば正解とする権威主義的な知の理解でよいのだろうか。知は他者の賛同・納得を得て真理となるのではないか。この意味では、知の真理論においても課題があるように思われる。

さらに、奈須は、ICT化によって非同期型のコミュニケーションが可能となり好きな時にアクセスできる学習が実現するとして、画一化から脱却するメリットがあると論じているが、オンラインを介するとコミュニケーションそれ自体が減少し、対人関係が貧しくなり、内容の理解にも影響があることがわかりつつある。[21]

子どものイニシアチブをカリキュラムレベルではなくて、学習活動のレベルに限定するとしても教師の専門職性の位置づけが低すぎる。子ども中心というスローガンが広がっているが、教師の専門性に裏付けられた指導性あってのことであり、好きに学ばせて子どもの豊かな理解が生まれるわけではまったくない。子どもの学びは、教師による学びの活動への誘いと呼応して成立してくる。子どもに自由にと言うだけで学びは成立しはしない。学んでみたい世界や取り組んでみたい活動の世界へ誘うという高度な専門職としての知見をもった教師がいて成立してくるのである。主体は主体である他者がいて主体となる。その意味で、子どもの自立は、自立した専門職の教師の存在とともに達成されていくのである。

したがって、学びの構造転換などとして「自分に合った進度や学習方法、学習内容を選んだり決めたりする教育」というスローガンは、ソフトに見えて実際には子どもの特性・個性を口実とした教育のあり方の類型的多様化に終わりかねない危険を伴った構想ではないか。

それらとは違った方向が描かれる必要があろう。教育の未来は、子どもと教師をそれぞれ尊重する仕組みの先に開かれる。

註

（1）加藤幸次・高浦勝義監修『個性化教育実践ハンドブック』学陽書房、1992年、100頁参照。
（2）同上書、6頁。
（3）Central Advisory Council for Education (England), Children and their Primary Schools. Her majesty's stationery office, 1967.
（4）竹内淑子『新装版教科の一人学び「自由進度学習」の考え方・進め方』黎明書房、2022年、21-22頁。
（5）文部科学省・特定分野に特異な才能のある児童生徒に対する学校における指導・支援の在り方等に関する有識者会議（第7回）資料3「子どもの主体性に配慮した学びを創る」（天童市立天童中部小学校校長大谷敦司）https://www.mext.go.jp/content/20220218-mxt_kyoiku02-000020343_04.pdf
（6）蓑手章吾『子どもが自ら学び出す！自由進度学習の始め方』学陽書房、2021年、44-45頁。
（7）D・H・シャンク&B・J・ジマーマン編著、塚野州一編訳『自己調整学習と動機づけ』北大路書房、2009年、参照。

(8)竹内淑子、前掲書、23～43頁。
(9)『新版　たのしい理科6年』大日本図書、2024年、156頁。
(10)ブログ「さんにゴリラのらぶれたあ」―「『たぬきの糸車』を読む⑩おかみさんの側からタンテイする」https://ameblo.jp/sanni1132/entry-12838856739.html
(11)イエナ・プラン教育については日本イエナプラン教育協会のHP参照。https://japanjenaplan.org
リヒテルズ直子『今こそ日本の学校に！　イエナプラン実践ガイドブック』教育開発研究所、2019年、参照。
(12)フレネ教育も学習計画を作成し、教科書準拠ではなく資料カードを作成するが、子どもの生活から生まれる興味を重視する。セレスタン・フレネ（石川慶子・若狭蔵之助訳）『フランスの現代学校』明治図書、1979年、参照。
(13)奈須正裕・伏木久始編『「個別最適な学び」と「協働的な学び」の一体的な充実を目指して』北大路書房、2023年、4-6頁。
(14)同右書、7頁。
(15)田中優子・松岡正剛『江戸問答』岩波書店、2021年、135頁。
(16)八鍬友広『読み書きの日本史』岩波書店、2023年、126頁。
(17)奈須正裕・伏木久始編、前掲書、7-12頁。
(18)稲垣忠彦『明治教授理論史研究』（評論社、1966年）は、明治期から多様な教授法が開発されていったことを指摘している。川合章『近代日本教育方法史』（青木書店、1985年）は明治期から戦時期までの教育方法を検討し、鈴木秀一『教育方法の思想と歴史』（青木書店、1978年）はデューイ研究と戦後の教育内容研究の分析が展開されている。これらだけでも教授法を単純化して捉えてはならないことが見えてくる。

(19)奈須正裕・伏木久始編、前掲書、42-50頁。
(20)同右書、50頁。
(21)同期型であれ非同期型であれオンライン授業は、対面の授業よりストレスが高く、教育効果において高いとは言えないという調査結果が出てきている。全国の大学の感染症下の学生調査が公表されている。ベネッセの次の調査等参照。https://berd.benesse.jp/up_images/textarea/0703_online_compressed.pdf

第7章　現実を自分たちで探究する——情報空間の虚偽を越える

1　探究へのシフト

小中学校もだが、とりわけ高校の教育課程と教科書は、「探究」ばやりとなった。2018年告示の高等学校学習指導要領の各学科共通教科の中に「探究」とつく科目が六つ設置され、「総合的な学習の時間」も「総合的な探究の時間」に改称された。さらに地歴や公民、数学など各教科の目標や内容の取扱いに探究的な学習活動を想定した記述が散りばめられた。

これを受けた各教科書は、扉の部分に探究学習を示唆する学習の仕方を記し、単元もしくは小単元ないしは教材ごとに「探究課題」を散りばめるようになった。「考えてみよう」「調べてみよう」「深めよう」といった吹き出しなどとともに課題を記すようになった。

しかしながら、すでに課題も浮上してきている。

一つは、探究にふさわしいテーマとは何か、という点である。探究的展開ばかりを実施することがよいとは言えないだけでなく時間的に不可能な中で、「総合的な探究の時間」、そして各教科の探究のテーマとしては何がよりよいのか、という課題である。なかには探究といいながら、テーマ設定の段階から結論が示唆され、誘導されている領土問題のような実践が登場する事態も生まれている。

二つは、生徒の探究活動を実際にどう指導するか、という課題である。生徒自身にテーマを設定させることも、探究の計画をたてさせることもそう簡単にできることではない。

三つは、探究の定型化である。探究にインターネットの利用が一般化する中で、ひどい場合にはネット上の報告のコピーアンドペースト、そこまでひどくないとしても生きた現実を探らずに終わる事態も生まれている。

こうした課題・事態を念頭に「総合的な探究の時間」における探究的学習をどう組織するのかについて検討する。ただし、教科の探究活動と係わらせた設定も示唆されていることもあり、各教科の探究的授業構成にも論及する。本章は主要に高校を念頭においているが、小中学校のそれにもかなりあてはまる議論をするつもりである。

2　探究学習への期待

まずは、探究が流行させられるのはなぜか。第4章にも述べたが、「探究学習」へ流れ込んでいったのは、近未来社会を不確実・不透明なものとする見方が蔓延し始め、予測不可能を意味するVUCAという把握に乗り、他方で、不確実さを情報技術の進展に期待することで越えていこうとするようになったからである。情報技術を賛美するSociety 5.0と呼ぶ産業主義的社会がやってくると推測することにしたのである。すなわち、従来の知識の蓄積は基盤として位置づけつつ、その知識の応用・改変で不透明な動向に対応すると捉えることにしたのである。これを「知識基盤社会」などと呼び、教育の世界にもその見方を引き取らせ、大量の知識をPCに蓄積し、それを利用し、活用するスキルを持った教育に期待することにした。その時に探究学習を利用することにしたのである。この飛躍のある筋立てが現在の教育政策の中心におかれている文書でも確認できる。

中央教育審議会「『令和の日本型学校教育』の構築を目指して（答申）」の書き出しでは「社会の変化が加速度を増し、複雑で予測困難となってきている」とし[1]、これに対応する教育として「探究において課題の設定、情報の収集、整理・分析、まとめ・表現を行う等、教師が子供一人一人に応じた学習活動や学習課題に取り組む機会を提供する」[2]などと説明している。予測困難な中の予測の妥当性は低いが、リテラシー論の世界的流行に背を押されながら、応用力や創造力が形成されると思い込むことにしたのである。

探究学習をことさらに打ち出したのは、個別学習にも協働学習にも対応可能ということもあるが、何よりジェネリックスキルとしての科学的探究の力を育成できると夢想したからである。

理数重視の産業界の短慮にも応えられると踏んでもいた。こうして探究が増大したのである。

ここで重点として持ち出された探究学習とは何かを短く説明しておく。１９６０年前後に科学教育に注目が集まる中で、科学の探究過程を定式化し、その過程を追体験させることで科学的能力の形成を図る探究学習が提唱された。探究過程については諸説提出されてきたが、代表者としては、Ｊ・Ｊ・シュワブが有名である。[3] 探究学習は、課題の設定、情報収集、情報の整理と分析、結論にいたる過程を子どもが中心となって個人もしくは集団で遂行する学習のことである。

3　文科省指定校の探究テーマ

変更された「総合学習」の動向を次に見ていこう。高校の「総合的な学習の時間」は「総合的な探究の時間」に名称が変わったが、これまでも目標には「探究」の言葉があった。変わったのは、これまで「問題の解決や探究活動」と並んでいたものから、「問題の解決」が消え去った点である。これまで「問題の解決」とあることで行事的な活動を織り込んでも違和感が低減させられていた。それが消えたので学習的性格の強い探究活動にシフトするであろうことがわかるのである。

文科筋の近年の探究活動の動向を見ておく必要がある。影響の大きさは、新学習指導要領を踏まえた実践動向をみればわかる。文科省の研究開発指定校やすでに探究活動に重点を置いているSGH（スーパーグローバルハイスクール）やSSH（スーパーサイエンスハイスクール）等の取り組みに現れている。

「総合的な探究の時間」の高校の研究開発指定校の数は多くはないが、グローバル化をテーマに掲げている点で共通性が高い。研究開発指定校とは別枠の「地域との協働による高等学校教育改革推進事業」では、2018年度以降毎年度50校前後が指定を受けているが、この事業の学校のテーマは、三タイプに分けられている。一つは、「地域魅力化型」と呼ばれ、地域課題の解決等を通じた学習カリキュラムを構築するとしている。二つは、「グローカル型」と呼ばれ、グローバルな視点を持って地域と関わる課題に取り組むタイプである。三つは、「プロフェッショナル型」と呼ばれ、専門学科に応じた課題に取り組むとしている[4]。

これらの区分と取り組みから「総合的な探究の時間」のテーマの現下の趨勢がわかる。まず地域の課題と連携した課題の探求であり、もう一つは世界と関わるテーマであり、専門学科は学科と関わる産業・商品を取り上げた探究というわけである。各種指定校等の動向から、およそ三つのタイプに分かれることがわかる。さらにその取り組み方には格差が見て取れる。ともかく全国の高校はどの方向に向かうか最近の調査結果を見ておく。

4　探究のテーマの動向へのクリティカルなまなざし

「総合学習」の何がどの程度変化したのか、およびそこに生まれつつある課題について検討する。従来から高校の「総合的な学習の時間」は低調であった。6単位まで設定可能だが、1学年1単位とする学校が多く、そもそも週の時間割には記載せず、行事や授業に振りかえている学校も相当数に登る実態があった。

これが「総合的な探究の時間」に変わることで、かなり変化してきている。変化を引き起こす要因はもちろん学習指導要領の変化だが、高校の場合、実体を突き動かす最大の要因は入試の仕組みの変更である。探究学習的経験がテスト問題となり出したからである。

実際に、どんなテーマが高校における「総合的な探究の時間」で取り上げられているかに関する、2021年の調査結果が図表7-1である。(5)

新教育課程完全実施の1年前の調査ではあるが、テーマの選択に文科省の指定校と同様の傾向が見える。社会的・地域的課題がまずは取り上げられる。これまでも上位だったが、地域との連携を打ち出す政策動向を見ていることは明らかである。調査データへのアクセスなどの実践上の条件もこのテーマを選択させていると考えられる。ただこの領域のテーマの場合、町おこしと連携させた取り組みがしばしば見られるが、地域の政策動向に沿った側面だけに光を当てた実践構想にしてしまうと、事態の全体像を掴む探究とならない危険を抱えている。各政策

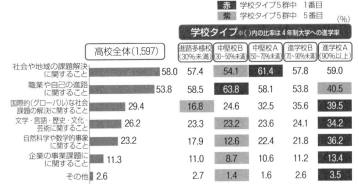

図表7-1　探究活動のテーマ

Q. あなたが指導している探究活動では、主にどのような課題に取り組んでいますか。

赤　学校タイプ5群中　1番目
紫　学校タイプ5群中　5番目

(%)

学校タイプ ※( )内の比率は4年制大学への進学率

	高校全体(1,597)	進路多様校(30%未満)	中堅校B(30~50%未満)	中堅校A(50~70%未満)	進学校B(70~90%未満)	進学校A(90%以上)
社会や地域の課題解決に関すること	58.0	57.4	54.1	61.4	57.8	59.0
職業や自己の進路に関すること	53.8	58.5	63.8	58.1	53.8	40.5
国際的(グローバル)な社会課題の解決に関すること	29.4	16.8	24.6	32.5	35.6	39.5
文学・言語・歴史・文化・芸術に関すること	26.2	23.3	23.2	23.6	24.1	34.2
自然科学や数学的事象に関すること	23.2	17.9	12.6	22.4	21.8	36.2
企業の事業課題にに関すること	11.3	11.0	8.7	10.6	11.2	13.4
その他	2.6	2.7	1.4	1.6	2.6	3.5

※複数回答(選択した比率)。
※探究活動を「指導している」と回答した教員のみ回答。

出所）ベネッセ教育総合研究所「高等学校の学習指導に関する調査2021」

を肯定するだけで、クリティカルな検討とならないからである。

職業や進路というテーマも、従来から校内での進路説明会や大学あるいは専門学校のオープン・キャンパスと連携させてきた経験を引き継いで、その結果として上位となっている可能性が高い。そうだとすると、探究とは言い難い実態が想像される。探究学習と言える取り組みにするには、例えば、内閣府は保護者の年収と子どもの成績と進学に相関があることを示す調査結果を発表しているが[6]、こうした不平等を問い返す調査や取り組みへ探究を広げる必要がある。現在の視野をその外側の変革的な世界へつなぐ時に探究学習となるが、そんな見識のある学校がどこまで広がるかは不透明である。

グローバル化以下に並ぶ学問分野に関わるテーマは、教科との連携が想像される。これらの領域では学校の類型間に差があることから、その取り組み方にも格差があると考えられ、類型ごとに教師の課題も違ってくる。すなわち、進学校では、トピックを詳細に調査するテーマが並ぶこともある。その場合、生徒の探究活動にかける時間は多くなり、負担が大きくなる。教師も知らないテーマや調査活動に対応を求められる大変さが待っている。科学実験を伴う場合には、大学や研究所などとの連携なしに実施できない事態も想定されることになる。

負担の大きい取り組みが生まれる一方で、特定のテーマの調査を長年継続しているような場合には、その継続は貴重だとしても、お膳立てされた活動をなぞるだけの実践も生まれる。飼育や栽培を伴う場合には時間がかかる分、定型化が生まれやすい。なかには、冒頭に記したように、既存のファイルのコピーに終わることもある。

もっとひどい事態も生まれている。それは、探究の外部委託や企業の広報活動に委ねる事態である。投資関連のテーマを証券会社や銀行、地元産業の見学と企業広報部社員による講話や研修体験などである。以前から小学校等の地域学習に見られたが、企業の広報活動として位置づけられ、専任社員のいる企業も存在している。学校の求めに応じて時間数を調整し、コンパクトに説明したり、子どもに体験活動を提供してきている。これらの欠陥は、多くの場合、それぞれの批判的検討が避けられる傾向があることである。探究と言うよりは企業CMとなってしまい、先行き不透明な社会の探究とはほど遠い事態も生まれている。税金問題などにすでに現れているが、行政の広報活動の一環に位置づけられている地域も存在する。

有限な時間の中で、探究にふさわしいテーマ選択は課題であり続けるだろう。また、ここでもマンネリ化と定型化が危惧されるが、探究の視野にリアリティとクリティカルさを保持し続けることも課題となっている。

5　探究の指導の困難

探究活動の指導の困難の実態を示す表を見てみよう。[7] 探究活動へ誘う段階、探究の手続きの各段階、探究の外的環境の問題の順に見ていく。

学校や教師が探究のテーマ・課題を定めて生徒に提示している場合と、生徒自身がテーマを選択・決定している場合とがある。生徒の選択といっても一定の領域の枠内で実施しているところが多い。教師の免許教科に関わる範囲で選択制としている学校もある。これも検討課題である。資金や時間などの実践上の事情から生徒に委ねたいが委ねられない事情が想像される。調査に危険を伴う場合や探究活動を実施できない場合、あるいは探究の意義が見いだせない場合など実践上の事情は多数に上る。

また生徒が調査を実施するとなると、具体的にテーマを摑んでいない生徒は探究をはじめられない。したがって、テーマに関する知識が絶対的に一定量以上が必要となる。そこで探究へのガイダンス等の際に、テーマに関する知識をどの程度織り込み、活動の展望を示すかが課題となる。関心を呼び起こしつつ、探究方法の提示の在り方をどうするかも実践上の課題となる。細部まで決めすぎれば、事実上、テーマもプランも決まったものとなり、生徒自身が企画・運営するものとならない。そうした困難が次の図表7-2からも読み取れる。

探究の手続きに関わる点では、まず文科筋から期待されているジェネリックスキルの問題がある。これを一般的に示すだけでは生徒に獲得されない。本来、活動の中で調査項目を調べ、整理する中で見えてくるものである。具体的知と結びつかないスキルは機能しないと見なす必要がある。「思うように資質・能力が高まらない」とする調査結果が示されているが、むしろ簡単に形成されると捉える見方のほうが間違いなのである。

さらに、生徒間の取り組みの温度差もいつも生まれる問題である。設定するテーマによってある程度意欲を高めることができたとしても、それだけで格差をカバーすることはできない。生徒自身が選択する形をとったとしても同様である。探究学習を「子ども主体の学習方式」などと言って問題がすべて解決するかのような理解が存在するが、それは大きなまちがいである。生徒間の共同的な活動は、この格差を埋める可能性もあるが、同時にトラブルを生む可能性もある。人間関係や組織を指導する観点が欠かせないことをデータは示している。

最後に、探究の外的環境の問題に触れておく。時間が十分にとれないとする結果が示されているが、年間30時間足らずであれこれ取り組めるはずがない。一年間に一つのテーマが精一杯と考え、一部の教科と連携を図る以外に時間の確保はこれからも難しいであろう。各教科でも

図表7-2　探究活動における生徒の課題（学校タイプ別）

Q.あなたは探究活動の指導を行ううえで、次のような課題を感じますか。

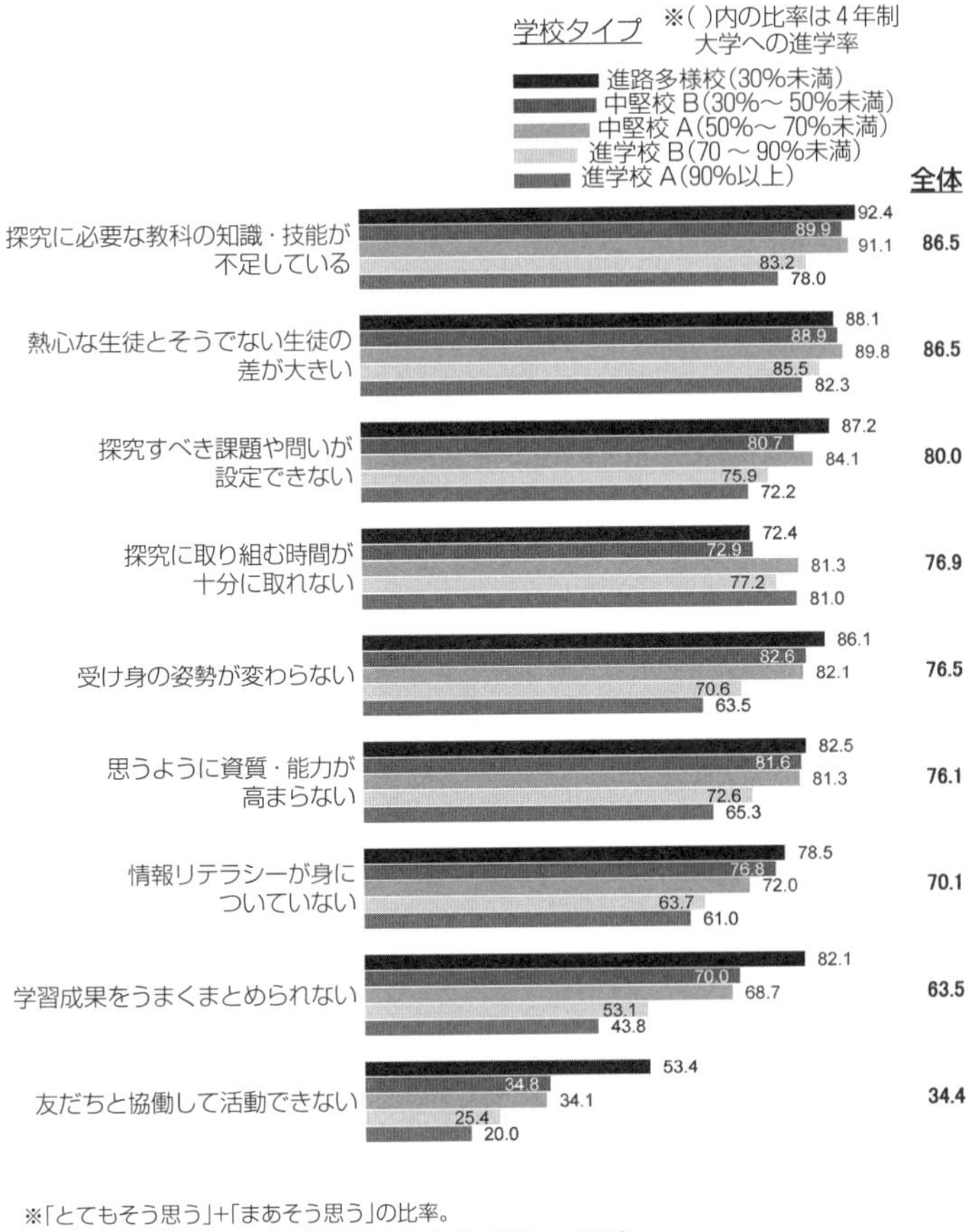

※「とてもそう思う」+「まあそう思う」の比率。
※探究活動を「指導している」と回答した教員のみ回答(n=1,597)。

出所）ベネッセ教育総合研究所「高等学校の学習指導に関する調査2021」

重要となるのが、探究の量的な限定である。教科によっては毎時間のように探究課題を教科書に記してあるものもある。生徒が探索することを前提にする限り、実行できるはずがない。すると探究課題の取捨選択が必要となる。その基準の一つとして、調べることがらの具体性とともに、探究によって世界が違って見えるトピックをテーマに選ぶことを推奨しておきたい。

6　探究のコンパクト化に抗して

教科書に問題解決的課題、探究的課題が多数提示されるようになった。大学入試にも一部探究に関わる問題や評価ポイントが付くようになった。これが、高校の探究系科目の実施に影響を与えている。入試に関わりがあるために一定の実施が必須と考えられるようになるとともに、入試傾向に対応した探究テーマや探究手法、探究結果の知識を提供する授業が中心におかれがちとなっている。探求系科目とされながら、大学入試科目にカウントされ、通常の筆記試験の手法が採用されているためである。そうなると、探究のコンパクト化や定型化が進み、本格的探究を実施することが他方で困難となっている。

前述したように、教科書に提示された探究課題を全部探究的に学習することは、不可能なのである。そこでいくつかの対応が必要となる。探究課題のいくつかは教師が解説し、いくつかは子どもの自由研究にし、いくつかは短時間のトピック・エピソードとして扱い、生徒によるデータ収集などを省略して意味や論拠だけを検討する学習に変換する対応などである。どれもコンパクト化の手法である。これらの対応は時間不足の中でやむを得ない対応と言えよう。そして、こうした事態が普遍化すると、改めて授業とは何かという問いが帰ってくる。問いが設定されて、資料（教材）が提示されて、生徒が推論や試行や実験をしてみる授業が高校にも戻ってくるかもしれない。考える高校の授業がそこに立ち現れるという希望的観測である。

しかしながら、考える高校の授業に対して、安易な対応も現れている。すなわち、配付・普及が進むPCを利用し、検索結果からテーマについて探究したことにしてしまう対応である。現実に触れることのない貧相な学習が一方に現れている。

社会的・地域的課題をテーマとした場合だけでなく、自然科学領域の課題の場合も、ほぼすべての生徒がインターネット検索から作業を始める現実がある。収集するデータの視野を拡大する意味はあるが、そこで得た情報をまとめるだけの探究であれば意義は少ない。いや、弊害の方が大きい。最大の弊害は、テーマにかかわる現実と交わることがない点にある。現実は社会的課題であれ、自然現象であれ全体的相貌を持っている。だが、ネット上の情報は一面だけが切り取られ、場合によっては歪みや虚偽が織り込まれている。恐ろしいことに、その区別を知らない生徒ほどネット情報に操作されていく。

探究テーマに関わる人々と可能な限り交わる探究、異なる見地や事象をデータとして探索する探究が不可欠である。特に、探索の範囲をクラウドで指定している場合には、その制限が想定している探究結果の恣意的結論に陥らないように現実の探究へと促す取り組みが期待される。探究は不十分さという課題を抱えて終わるものであり、コンパクトに形を整えて終わるものではない。本物体験を促す探究の時間をどれほど保障したかが実践の最大の評価ポイントである。

註

（1）中央教育審議会「『令和の日本型学校教育』の構築を目指して（答申）」２０２１年、1頁。
（2）同右書、17頁。
（3）シュワブ著、佐藤三郎訳『探究としての学習』明治図書、１９７０年、参照。
（4）文部科学省「地域との協働による高等学校教育改革の推進」https://www.mext.go.jp/a_menu/shotou/kaikaku/1407659.htm
国立教育政策研究所も「教育課程研究指定校事業」を毎年度実施し、原則として毎年度末に発表会を実施しており、そこでも同じ傾向が同研究所のＷＥＢサイトから読み取れる。
（5）ベネッセ教育総合研究所「高等学校の学習指導に関する調査２０２１」https://berd.benesse.jp/shotouchutou/research/detail1.php?id=5695
（6）内閣府「令和３年子供の生活状況調査の分析報告書」https://warp.da.ndl.go.jp/info:ndljp/pid/12772297/www8.cao.go.jp/kodomonohinkon/chousa/r03/pdf/s2-2.pdf
（7）前掲（5）調査に同じ。

第8章 読みと対話・討論を巡る教育の軽薄化に対抗する——国語教育の内容と方法を取り戻す

1　流行の授業実践を探る基本

教育実践には流行がいつもつくり出され、流行にはそれぞれに意図があることにされてきた。例えば、２００８年告示の学習指導要領には、「言語活動の充実」という言葉が踊っていた。国語科に限らず、他の教科の領域にも影響していた。それが現在の学習指導要領では、鳴りを潜めている。悲しいことだが、このような流行に振り回されてしまう教師と学校がある。とりわけ国語教育は、多くの流派が林立する教科であり、それぞれの多くの団体も時代の流行に感染してきた。

しかしながら、時に流行に抗って、読むとは何かを問い、文学体験に迫る実践あるいは自己と社会を語り綴る実践を生み出してきた。これらの経験と現実に学ぶならば、一時的な流行と本物の実践を見分け、個々の教師こそが自分の目で自分の担当する子どもたちの応答に即して次の教育実践をつくりだしていかなければならない。

そのためには、逆説的だが今の動向を見据えておく必要がある。違いを意識してこそ意味ある実践が生まれる。そのために学校の中だけ、周辺の学校だけを見るのではなく、外の世界を見ておく必要がある。授業における対話・コミュニケーションの問題を考える時にも同様である。二昔前なら国語教育の大家とその実践校さえ見ておけばよかった。今は模様を変えた。

情報の伝わり方、情報の発信源と流行の制御の仕方が変化した。たしかに今も、ローカルな授業方式が息づいているところがある。しかし、ローカルな取り組みは、格段に影響力を低下させている。

代わって実質的に大きな影響力を持つようになっているのは、文科省の「研究開発学校」と国立教育政策研究所の「教育課程研究指定校」である。今までも大きな影響力があったが、実質的影響力ではさらに群を抜くことになっている。流行の後追いをするグループもあるし、ネットを介して流行の形を戯画化・単純化させたものもある。しかし、従来の流行の「本流」が、地域の後押しもさらに得るようになって、影響力を増しているのである。

したがって流行の「本流」の先端を探るためには、先の二つの文科省所管レベルの指定校の動向を見る必要がある。指定校は以前からの制度だが、最近の実践動向を探るにはいっそう欠かせない存在となっている。他に、一部の国立大学の附属学校も独自に全国から人を集めるところもあるが、学校単位での影響力の大きさは「指定校」にある。

「研究開発学校」は、次の学習指導要領を準備する役割を担わされているために、現行の枠組みに囚われない内容と実践となることがある。だから、次の改訂の大枠が論議される時期には注目が集まる学校となる。

他方、「教育課程研究指定校」は、学習指導要領の枠組みに沿って実践的な試みをすることと位置づけられている。だから、学習指導要領が新しく告示された直後の時期から全面実施され始めの頃がもっとも影響力を持つことになる。新学習指導要領がどんな実践をイメージしているのかを具体的に示している可能性が高いからである。こうした事情から注目しておくべきなのである。

新学習指導要領が完全実施され始めた時期に当たる場合には、まず見ておくべきは、国立教育政策研究所の「教育課程研究指定校」の動向ということになる。間もなく改訂の議論が始まる頃には「研究開発学校」の動向を見ておく必要がある。

念のために申し添えるが、それらの構想や実践が良いとか悪いとか言っているのではない。影響力を強く持っている中で、それらに一瞥を与えつつ、本来の対話やコミュニケーションについての考察や実践の有り様を考える素材の一つにするためである。

2　国語教育のトレンド

学習指導要領に「則した」国立教育政策研究所の指定校として、幼稚園・小学校・中学校・高等学校が100校以上選定されている。(1) これに「実践研究協力校」というのもあるが、「教育課程研究指定校」を見ておくことで十分であろう。

最近の「教育課程研究指定校」の報告書の類いから本章の課題との関連で共通性の高い特徴を取り出すと、一つは「実社会や実生活で生きて働く」力が「資質・能力」の中でも強調されていることである。これは、育てるべき力の中心を示し、この間よく取り上げられる他の力と比べると期待度が高いことがわかる。ただ、「生きて働く」では抽象度が高く、その中身を特定するというよりは包括的な意味合いで用いられているということであろう。二つは、「対話的な学び」が強調され、授業の構成の中に対話や討論を取り入れる実践構想が並ぶことである。三つは、それらの力をどう評価するかを研究課題に設定していることである。これらは、国語に限らず、新学習指導要領の強調点に沿った動向であるが、国語の検討の中心もそこに方向づけられていることがわかる。

さらに具体的にこれらの学校の実践的な取り組み方を見ると、国語教育のトレンドが見えてくる。まず、国語科でも問題解決学習のプロセスをおおまかに辿らせようとしていることがわかる。高校は全体として「探究」をキーワードにすることが多いが、小中学校では問題解決学習の比率が相対的に高い。

問題解決学習というだけなら一般的共通性にすぎないが、そのための取り組み方に国語科的な姿が「指定校」の資料類から見えてくる。

本章の課題との関係で目につくのは、「自分の考えを形成する」という観点から、どうすると子どもたちに「自分の考え」を持たせることができるのかと研究課題を立てたり、問題を「つかむ」ことを打ち出していることである。これが入り口の特質である。これには続きがあって、表現は学校によって微妙に異なるが、続けて「ふかめる」さらに「いかす」等と授業の進行過程のモデルを提示する指定校が目につく。すなわち、「つかむ」「ふかめる」「いかす」の進行過程なのである。一連の流れに位置づけると、いわゆる問題解決学習の細部を省略した、大枠で示したものだということがわかる。

そして、その具体的な取り組み方も類似していることがわかる。例えば、指定校の岩手県の八幡平市立松野小学校の場合は、「考えの視覚化」を打ち出している。実際には教材から見つけた情報を抜き出して表にする活動を織り込んでいる。これが、問題をつかむ実践的手立てとして打ち出されている。(2)

問題解決学習と「考えの視覚化」は、小学校に限らない。同じく指定校の埼玉大学附属中学校でも、根拠の明確さを視覚化させる手段として「考えを形成する過程をワークシートに記録させる」としている。(3) いわゆる「思考の可視化」が一つのトレンドとなっていることがわかる。

自分の考えを持つというだけなら、古くから教師が行ってきたことだが、問題解決学習に位置づけて、思考の外化を狙っている点が特徴となっていることがわかる。

そのために、実用的な雰囲気のする教材や課題が多く提出される。同じく埼玉大学付属中の研究報告によれば、「生徒自身が実社会や実生活とのつながりを感じられるような、具体的な文脈や状況を盛り込んだ言語活動を設定し、実践を通してその在り方を考察」させるとし、商品に関する複数の情報源を比較して最適な品物を選ぶことや、古典の一節を引用して1分間自己PRをするといった課題が提出されている。ここには、子どもの生活に身近だと想定される事例を選んでいること、さらにその取り組み方についてもメディア・リテラシーと呼ばれる領域の初歩的な手法を持ち出していることがわかる。さらには、企業人的な自己主張をする人間像がそこに織り込まれていることもわかる。

再度整理すると、今の国語科教育のトレンドは、第一に、「生きて働く国語」という方針を引き取って、課題そのものを社会生活の中でありそうな事柄を教材や授業の課題に取り込もうとしていることである。

第二に、授業の過程の点では、小中学校を中心に問題解決過程を辿る構成が大枠に採用されている。

第三に、その際の対話・討論においては、教材の中に「根拠」を探し、「根拠」のある対話や発言を強く要求していることがわかる。そのための手立てとして、根拠の明確さについて視覚で確認できるようにすることを推奨している。こうすると考えと根拠の整合性に着目した話し合いが増加すると成果を報告する学校もある。

第二と第三の動向は、背景にジェネリック・スキルが意識されていることがわかる。すなわち一般的な問題解決過程を授業の過程として辿れば他の問題も解けるはずだと期待していることがわかる。その際、もう一つのジェネリック・スキルである説得的討論の一般型を念頭に置いていることもわかる。

なお、高校は、各教科とも問題解決学習というよりは探究学習に傾斜するが、実生活に役立つ国語教育に比重を置く動向は小中と同じである。この実生活重視については、文学関連の16学会による声明が出されているように、「『論理』『実用』と『文学』とを対立概念として捉えることは元来不可能である」とする強い批判がある。[4] だからしたがって、国語教育の手法だけでなく、内容それ自体も実用重視に流れていることがわかる。これは、国語の個々の単元の取扱い方にも直結していて、深い考察や読みをするのではなく、表層を撫でて類似の別の作品を読んでお終いにしたり、作品に登場した言葉を調べて終わりにする、あるいは長文だったとしてもポイントとなる情報を取り出して並べるとお終いといった貧相な軽い取扱いに流れていることとも関わりがあると考えられる。[5] すべての単元を詳細な読解と分析に変えることを主張しているわけではない。そうではなくて、今はすべてを「実用重視」一色に塗り替えていることが問題なのである。実用重視は、かつて国語科を「道具教科」などと呼んだ一群の人々の発想と似ている。軽薄な位置づけの内容の「深い学び」はいかに可能となるのか。それこそ不可能なのではないかという推測が成立するだろう。

3 ジェネリック・スキルの硬直化と対話

文科省等の指定校は、問題解決過程を、問題を把握し、それを検討し、結論するという三段階で示していた。だが、問題解決過程として世界的に有名なのは、ジョン・デューイの五段階とするものである。

百年以上前に刊行された『民主主義と教育』では、人間の思考における問題解決過程を次のように定式化していた[6]。

「(i)(中略)不完全な状況に巻き込まれるという事実から起きる当惑、混乱、疑惑。(ii)推測的な予想—特定の結果をもたらす傾向をその要素に帰属させるような、所与の要素の試験的解釈。(iii)当面の問題を規定し、明確にする、入手できる全ての考察の注意深い調査、(試験、検査、探究、分析)。(iv)試験的仮説はさらに広い範囲の事実と一致するのであるから、その仮説をより正確にし、より整合的にするために、それを結果から精緻にすること。(v)事柄の現存する状態に適応される、行動の計画として考案される仮説という立場に立つこと、予想される結果をもたらすよう何かを実際に行い、それによって仮説を検証すること。」

第一段階は、問題状況の中で当惑すること。
第二段階は、不確かな推測的予想を立てること。
第三段階は、問題状況のデータを集めて探索と分析をすること。
第四段階は、さらに広範囲な事実と一致する仮説を設定して精密化すること。
第五段階は、予測を実際に行ってみて仮説の検証をすることとしていた。

この五段階論はあまりに有名で、これを元にして授業の過程とする問題解決学習論が何人もから提案されてきた。だが、この五つのステップは、実証データを一つ一つ分析して引き出したものではなく、デューイの卓越した考察によって定式化されたものである。だから他方で、実際の科学的発見の過程に関する研究や問題解決の認知心理学的実験研究が積み上げられ、問題解決過程に関する研究が行われてきている。したがって、それらの成果と、デューイの問題解決過程とではズレが生じるし、実際の問題解決過程ともズレが生じる。そもそも、科学的研究の過程であれ、生活の過程であれ、そんなに都合よく当惑し、仮説を思いつき、効率よく検証データが集まるとは限らない。それぞれのステップでつまずきが発生する。その順番通りに進むとも限らない。この点は、教育実践上の困難とも類似性がある。

国語教育実践の動向を見ながら、実践上の代表的な困難を並べてみよう。

一つは、子どもが当惑してくれる「問題」をつくる困難である。教師の授業づくりのやりがいである興味を持って「なんでだろう」という状況に子どもたちが陥る教材づくりと「問い」をつくる困難である。国語科の場合、教材が教科書として定まってしまっていることも困難の一つに挙げることができる。教材の内容は知られ、その定番となっている問いもさまざまな媒体を通じて知られているからである。

二つは、当惑から仮説が浮上してこなければならないが、みんながみんな思いつくわけではないため、どのような指導が必要となるかという課題である。そのために「指定校」は「考えの視覚化」によって考える糸口を明示しようとしているわけだが、視覚化は思考を拘束する場合がある。

三つは、問題解決過程の一般化すなわちジェネリック・スキルとして定式化しようとしているが、他のテーマの問題にそのスキルが有効に機能するのかという課題がある。思考過程を振り返るためのシートの作成は、ジェネリック・スキルの意識化を意図していると考えられるが、はたして有効に機能するかは不確かである。

これら三つの課題は、対話や討論と深い関わりがある。追究してみたい問題・テーマの設定かどうかで、対話や討論が左右される。「考えの視覚化」は思考を方向づける機能があるが、意見を枠づければ討論は多様性を失い、定型化する危険をはらむ。ジェネリック・スキルには期待が大きいが、どの程度意味があるのか疑問の余地がある。実践動向と関わって、どう考えたらいいのかさらに検討する。

4　対話・討論の三つの要件

(1) テーマの切実さ

まず、対話・討論には言うまでもなくテーマが重要だ。今は、「実社会や実生活」とのつながりが強調されている。たしかに、役立つことや必要度が高いことは、考えて見たくなる要因の一つと考えられる。だが、そこには重要度や深刻さに違いがある。ここに困難さのポイントがある。

例えば商品情報の考察がしばしば取り上げられているわけだが、どんな重要な問題をはらんだ商品かが問われねばならない。時宜を得た問題・商品が取り上げられねば関心を引くとは限らない。子どもたちにとって重要と考えられる事柄でなければ、その価値はない。この点で無難な事例が選ばれる傾向がある。だが一般化していえば、無難なテーマ（商品）より、社会的に論争となっているリアリティのあるテーマが選ばれなければ意義ある対話・討論にはならない。この眼差しからすると、文学を生活と関連づけようと自己PRを作成する実践があるが、中学生のリアルには大きな隔たりがある。

恣意的にうわべだけ実社会とつなげるよりも、文章そのものに内在する意味を読み尽くす観点から、意外な意味を探り当てる問いの方がずっと価値があることも少なくない。これは、国語教育が長く追求してきたアプローチである。目先の実用的価値よりも問うに値する世界がそこにみえてくる問いかどうかこそ重要なのである。

（2）問題解決過程の位置づけ

次に、仮説をどう生み出すかという問題を取り上げる。「考えの視覚化」が広がりをみせているのは、評価の便宜という裏の目的とともに、すべての子どもに対話・討論への参加を促し、何らかの仮説を持って欲しいという願いからである。見えない人の頭の中が視覚化によって見えたことにすれば採点も客観的に見えるだけでなく、パソコンによる採点も一部は可能となる。だが、この取り組みは、考える方向を強く誘導する危険と隣り合わせである。たしかに、意見の対立の構造を整理する場合などに有効な時がある。しかし、いつもタブレットPCのアプリケーションを使って視覚化し、定型のシートを用いるなどとしてしまうと、討論の豊かさを奪うこともある。そういう自覚が他方に必要である。教育の画一化が進行している21世紀であれば、それこそが柔軟な思考を阻害する可能性のあることを知っておく必要がある。

「考えの視覚化」で仮説を生み、次にデータ収集と分析へと続くのが問題解決過程であった。この進行過程もジェネリック・スキルと見なされているわけだが、ここでも限界を知っておく必要がある。限界の一つは、このジェネリック・スキルが思考力・判断力・表現力を育てると信じられているが、創造的な思考はむしろ定型的パターンを打ち破る所に働くということである。定型化された思考パターンはむしろ制約となり、問題解決にいたらない。

認知科学の阿部慶賀は、創造的思考に関する諸説を検討した中で次のように指摘している。「制約は本来、私たちが余計なことに頭を悩ませることがないように有効に働くものであるはずだが、創造的な問題解決過程ではこれがひらめきを阻む要因となりうる」。[7] これに対して、創造的思考は、体験や外部環境、他者の視点などが影響するのであり、試行錯誤を通じた初期の制約の解消こそがカギだと述べている。このように考えるとすれば、ジェネリック・スキルの絶対化こそ制約となってしまう。むしろ、それを疑う活動を励ますことこそ重要といえよう。初期的な予測から関連するデータをたくさん集めて仮説を設定することは、おおまかには妥当することもあるだろうが、現実の問題は必ずしもそれでは解き明かされない。

そこで教師にとって重要なことは、教科内容・教材に関する知見を深めることである。子どもの常識・大人の常識を揺さぶるのはなにより事実である。調べた事実を単に教え込むためではなくて、考えどころを探す目的で事実に関する知見を深めることこそが定型化を打ち破るのである。

(3) 対話・討論の形を破る

ジェネリック・スキルの意図的教育としてもう一つ持ち出されるのが、対話・討論の技法である。特に討論の際に、主張とデータと論拠等をあげて話すというトゥールミン・モデルが引き合いに出されている。(8) 意見交換を行う際に、考えるべき枠組みを持っていることには有効性がある。ここで強調しておきたいことは、トゥールミン・モデルは、ゲームとしてのディベートとは一線を画していることである。二つを混同してはならない。ゲームとしてのディベートは、教育実践上においてはしばしばゲームなのだがルールを軽視した取り組みとなっていたり、形式ばかりの揚げ足取りにしてしまっていることがある。そのためにむしろコミュニケーション嫌いを多数生んでいる事態がある。それに対して、トゥールミン・モデル自体は、データのある話しとなっているか、妥当な論理を用いているか等と、議論の在り方を考える手がかりとしての意味がある。

しかし、ここでもその有効性は限定的に位置づける必要がある。というのは、枠組みだけでは無力だからである。討論テーマに関する知識を議論をする当事者がどれほど持っているかこそ、決定的だからである。

提示した図（図表8-1）は、学生にテーマを考える際の枠組みとして利用しているものである。テーマに関する自分の主張とそのデータと根拠、対立する見解とそのデータと根拠を埋める。さらに対立する見解への反駁を書き、最終的な提案を記し、それぞれの出典を書き込んで報告してもらう。報告した後に聞き手からの質疑を行っている。

この枠組図を用いると、学生自身の立場と自分と異なる見解との違いを意識化させることに

図表8-1　論証図

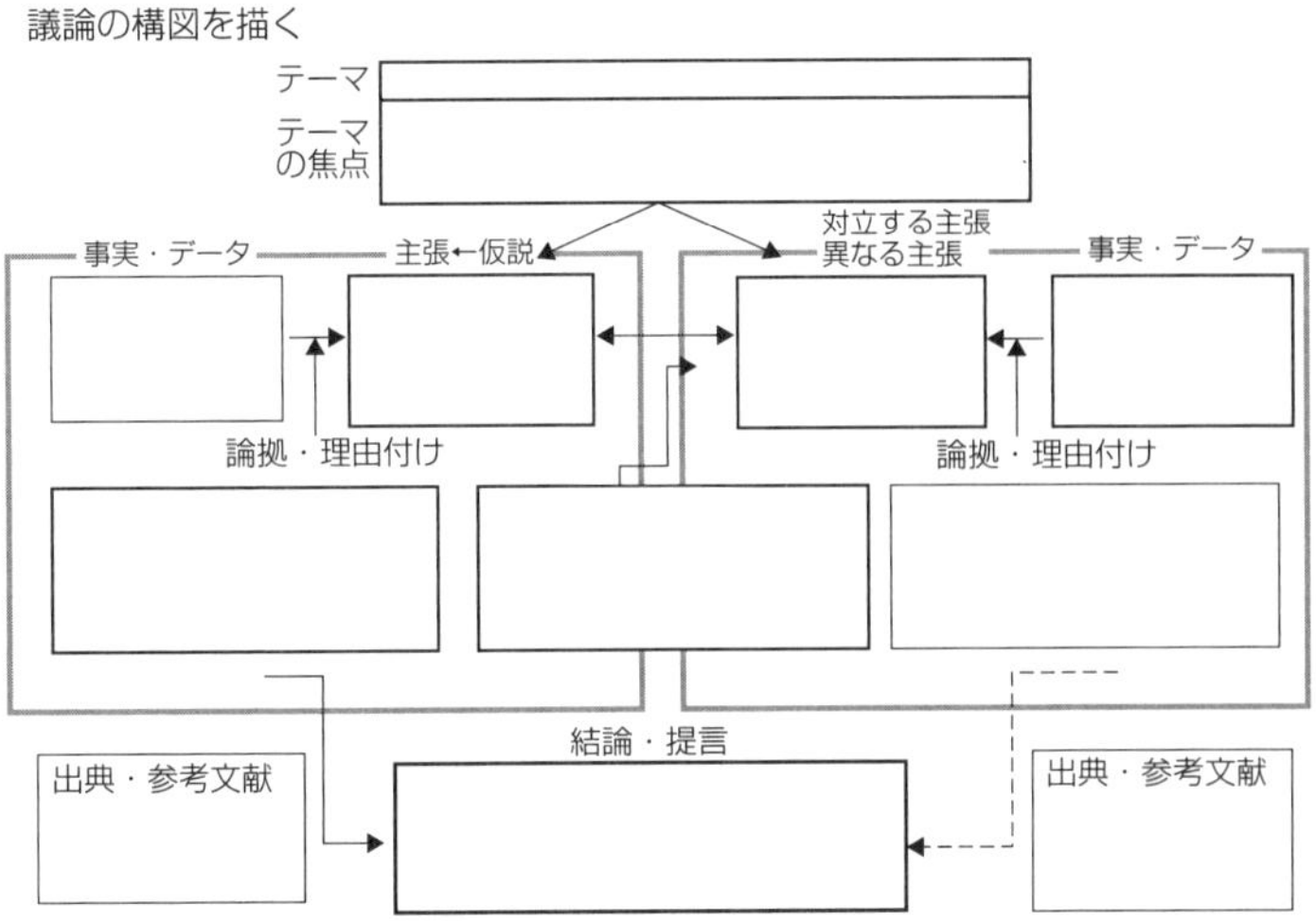

出所）松下佳代『対話型論証による学びのデザイン』勁草書房、2021年、p.60の図3-6を一部修正。

ある程度役に立つ。この図を完成させるためには、具体的データや主張のポイントを調べてきて明示することが必要となり、対立する主張のデータ等とどこが違うのかが鮮明となるからである。放置すると学生は、包括的で曖昧な表現を用いることが多い。よくて「事実が示されてない」「論理に飛躍がある」などという発言に留まり、その先まで言及することが難しいが、その水準を越える可能性が広がる。少なくとも、具体的内容としての知識やデータが必要なことをはっきりさせる効果がある。この図の枠組みを知ると、報告者の議論の仕方の良し悪しを聴く側もおよそ判断できるようになる。しかしながら、取り上げられたテーマについての具体的知識がない場合、報告者の主張の内容的な批判まではできない。

具体的知識・データの多寡がここでも重要なのである。

コミュニケーションには、さらに二つのことが必要となる。一つは、討論テーマの当事者を意識したコミュニケーションをつくることである。当事者を意識したコミュニケーションがなぜ必要か。当事者にとっての切実さを引き取らない議論は、議論の意義を喪失させ、形式主義的な単語と話法が行き交うだけとなる。テーマに係わる当事者から見れば、外部の者が勝手な議論をしているとしか映らない。討論するものに何ほどか係わるからこそ議論をしているということでなければコミュニケーションそれ自体の意義がなくなるからである。それなしの議論は、結果として、授業の定型化、討論の形骸化をもたらす。これを打ち破るには、当事者性がなにほどか必要となる。これをどう生み出すかはなお研究の課題である。

もう一つは、それを主張する子どもの背景を汲み取った討論の進行が教師には必要となる。その主張をせざるを得ない事情を抱えているという程度の想像力が教師には必要となる。子どもの側の当事者性とでも言うべき観点が必要なのである。

以上のことが、定型化と貧困化を打ち破るためにはなんとしても必要である。

註

（1）指定校の一覧は下記サイト参照。国立教育政策研究所「教育課程研究指定校事業」https://www.nier.

go.jp/kaihatsu/shiteikou.html
（2）国立教育政策研究所・研究成果報告書、岩手県八幡平市立松野小学校「令和2年度研究成果報告書」https://www.nier.go.jp/kaihatsu/shiteikou/pdf/r02-pri_kokugo_matsuno-sho.pdf
（3）国立教育政策研究所・埼玉大学教育学部附属中学校「令和元年度研究成果中間報告書」https://www.nier.go.jp/kaihatsu/shiteikou/pdf/r01-mid_shakai_saitama-u.ac.pdf
（4）古代文学会他全部で16学会が連名で「『高等学校国語・新学習指導要領』に関する見解」という文書を2019年に発出している。
（5）紅野謙介『国語教育の危機』筑摩書房、2018年、参照。紅野は、「複数の資料からでないと『統合的な思考力』が育たないというのは迷信か、悪い冗談に過ぎません。（中略）大事なことは、一つのテクストと、一人の人間のなかにも複数の要素があり、さまざまな価値の衝突があることをじっくりとみることです」（278頁）と指摘している。
（6）ジョン・デューイ『デューイ＝ミード著作集9　民主主義と教育』人間の科学社、2000年、203頁。
（7）阿部慶賀『越境する認知科学2　創造性はどこから来るか』共立出版、2019年、19頁。
（8）スティーヴン・トゥールミン『議論の技法』東京図書、2011年、参照。

第9章 新版「生徒指導提要」とデジタルによる画一化

1　標準服の改定ブームの構造

２０２３年春から中学1年生の服装が多くの学校で変わった。高校も中学校ほどではないが変わった。これまで多かった詰め襟とセーラー服から、ほとんどがブレザータイプを標準服とするようになった。また、性別にかかわらずスカートとスラックスを選択できるようにする自治体も増えた。この変更が一斉と言っていいほどに全国で発生した。

例えば、愛知県内の公立中学校は４１２校あるが、２０２２～23年度に学生服の変更に取り組んだ自治体は、確認できた自治体で名古屋市、江南市、春日井市、小牧市、一宮市、稲沢市、津島市、扶桑町、弥富市、北名古屋市、豊山町、みよし市、日進市、知多市、東海市、常滑市、南知多町、豊田市、刈谷市、新城市、豊川市、知立市であった。これらのほとんどの自治体は、新しい学生服としてブレザータイプを追加し、旧来の形との選択制とし、男女にかかわらずスラックスを選択できることとした。市単位で同じデザインのブレザータイプにした自治体も生まれた。これは愛知県だけのことではなく、全国的な動向となった。

変更の取り組み方も似ている。市長や教育委員会から改定の声が出されて、各学校が保護者や中学生にアンケート調査を行い、討論会を開き、その会議の結果も似ているがブレザータイプの標準服を支持する声が多めに出され、候補となるデザインが三つ程度示され、投票を行って決定するというプロセスである。

報道コメントでは管理職が「生徒たちには自分で決めた校則を自分で守るという意識を持ってもらいたい」と言っているものが散見された。全国的にも類似の手順で類似の変化が発生した。服装以外の校則の見直しも一部で始まっているが、変化の見えやすい服装が多くの学校でまず変わることとなった。

この章では、校則や制服(標準服)の在り方の良し悪しの問題ではなくて、この決定の流れを問題にする。

服装を変えた取り組み方は、学校と教育の関係のあり方を変えるだろうか、という問題である。だから、生徒が自分たちで決めたかのように言う発言が見られるが、本当だろうか? 生徒が本当に決めたのだろうか? こうした角度から検討をする。決め方が変わったとすれば大きな変化と見ることができなくもない。いや、服装や校則を変化させる仕組み自体が変わったと本当に言えるだろうかという疑義からの問題設定である。

この疑問がわくのは、管理教育批判が強く出されていた20世紀後半の高度成長末期に、一部の学校では制服の自由化が行われたが、大多数の学校は大きくは変わらなかったからである。だが今回、学生服の規定はそれなりに変わった。これは、教育を変化させる要因のなにかが変わったことを示しているだろうか？　少なくとも変わりつつあると捉えることができる事態なのだろうか？　こうした問題意識の下に決め方の変化について議論をしてみたい。

2　画一化の変化か画一化方式の変化か

この変化は、文科省が事務連絡「校則の見直し等に関する取組事例」を２０２１年6月8日に発出した後に加速した[1]。それより少し前から下着の規定や細かすぎる頭髪規定のある一部の中学・高校の旧態依然とした校則が厳しい批判を受け、見直しが始まっていた。そうした社会の空気に突き動かされて発出された文科省文書が各教育委員会に届いてから、改定は加速した。

文部科学省初等中等教育局児童生徒課が各県教育委員会等に発出した「校則の見直し等に関する取組事例について」は次のような内容であった。一部を引用する。

> （前略）昨今の報道等においては、学校における校則の内容や校則に基づく指導に関し、一部の事案において、必要かつ合理的な範囲を逸脱しているのではないかといっ

た旨の指摘もなされています。（中略）学校を取り巻く社会環境や児童生徒の状況は変化するため、校則の内容は、児童生徒の実情、保護者の考え方、地域の状況、社会の常識、時代の進展などを踏まえたものになっているか、絶えず積極的に見直さなければなりません。校則の内容の見直しは、最終的には教育に責任を負う校長の権限ですが、見直しについて、児童生徒が話し合う機会を設けたり、ＰＴＡにアンケートをしたりするなど、児童生徒や保護者が何らかの形で参加する例もあるほか、学校のホームページに校則を掲載することで見直しを促す例もあります。（後略）

この通知を受けて、愛知の自治体の多くはその年の秋から具体的に動きだした。取り組み方は「事務連絡」の「別添資料」にも改定プロセスとして示唆され、生徒と保護者の参加を促していた。[2]

こうした経緯を見ると、服装は変わったが、通達があって変わったとみることができる。そうすると、上意下達のシステム自体には変化がないように見える。しかしながら、長い期間着用されてきた詰め襟学生服とセーラー服が変わったことはそれなりの変化である。もう少し変化と変化のさせ方の意味を詮索してみたい。

先の文科省の「事務連絡」には２０１０年版の『生徒指導提要』（『旧提要』と呼ぶ）の一部を引用し、校則が社会的に合理的な範囲であること、校則を自分のものと捉えさせること、見直しを積極的に進めるように、とあった。この「事務連絡」が影響して全国的に改変が進んだことは間違いない。

しかしながら、2010年版の『旧提要』が公表された時に校則の見直しは、今回の標準服のようには進まなかった。なぜか。

それは、『旧提要』には決まっていることを絶対化して守らせる強権的画一化の方針が同居していたことが一つの要因と考えられる。「指導方法は様々ありますが、目標に至る基準に足並みをそろえることは大切」、「社会で許されない行為は、学校においても断じて許されない」、「社会生活上のきまり・法を守る」[3]などと記述され、当時のゼロトレランス思想と従来からの慣行保守主義ならびに団体主義的画一化志向が絡みあって変わらずにいたと考えられる。

すなわち、変えることを容認する記述はあったが、既存の校則を守らせる志向が『旧提要』では支配的だったのである。しかし今回の「事務連絡」は、『旧提要』の中で大きな声では語られなかった消極的な記述の側を、校則改定を進める文言の根拠に使ったわけである。

ほどなく2022年12月に新しい『生徒指導提要』(『新提要』と呼ぶ)が編まれ、校則に係わる部分の議論のトーンが変わった。すなわち、きまりをとにかく守らせるトーンが薄れ、「指導においては、あらゆる場面において、児童生徒が人として平等な立場で互いに理解し信頼した上で、集団の目標に向かって励まし合いながら成長できる集団をつくることが大切です」[4]とされ、子どもの権利に関する条約も位置づけられた。こうして子どもは従わされる存在から、一応権利主体へと位置づけ直された。だから、『新提要』は「児童生徒や保護者、地域の人々の声にできる限り耳を傾けて合意形成を図ることが重要」とした。ところが不徹底なことに「校則は、最終的には校長により適切に判断される事柄」(5)とし、子どもを権利主体といいながら、決定権を剥奪したままという不十分さを抱えた『新提要』となったのである。この不徹底さ故に、「一応権利主体」とここでも表現したわけである。

こうした経緯と全国の校則の決定の状況を見れば、時代錯誤の校則の一部はたしかに変化したと言える。しかし、その決定権は多くの学校で以前と変わらず、子どもは声を聞き置かれるだけの存在に留まっているといわざるを得ない。ただし、決定過程において、声だけは聞く機会を設けることへと変化した。このことの意味は大きいかもしれない。その手順が今回全国に広まった。つまり、文科省の「事務連絡」にある決定の権利主体に関する不徹底な路線があり、『新提要』の方向も不徹底ではあるが、そしてそれは聞き置かれる程度の位置づけながら、学生服の改定が進み、変わったのが今回だからである。

ということは、聞きおかれるだけの声だとしても、圧倒的多数が声を上げる状況の場合には、変わるかもしれないということである。今回は、文科省主導で、ブレザータイプへの改定で着地するであろうと見透かされていたとしても、着地が子どもたちの側となる可能性に道を開いたとみることができなくはない。おそらく楽観的すぎる見方ではあるが、そうした変化の発生を期待したいと考える。

そう考えるのは、世論が圧倒的に一方に傾いている状況の下では決定権が校長にあるとしても、その世論を覆すことが難しい仕組みを導入したと見ることができるからである。校長単独では決定できない、もしくはいったん決定したとしても長くは続かないということでもある。

注目を集めている事例がある。一度、校長主導で導入された方針が、今度はそれを再転換しようとしている例である。それは東京都千代田区麴町中学校である。宿題や定期試験の廃止、固定した学級担任制の廃止、標準服の「着用自由」とした工藤勇一元校長が進めた方針をやめて、元にもどすもしくは修正しようとしている。

今回公開されている資料を見ると、新しい現在の校長主導で再改定が進められていると考えられるが、今回も保護者や生徒の声を不十分ながら聞いていることがＨＰの記事を見るとわかる。一部だけ引用する。(6) 小学校保護者への説明資料に「『服装は自由』と誤って解釈してしまい、学校の学習活動の場面におけるＴＰＯに反した服装の生徒が多くみられるようになっており、様々な問題が繰り返し発生している状況もあります」と改定事情を説明し、中学生のテスト時間中の集中度アンケート、全員担任制への子どもアンケート結果、学力の二極分化を進めているとする調査結果等を「学校だより」に継続的に記述して発行している。保護者や子どもへのアンケートを実施し、その結果から方向転換の妥当性への賛同を調達するべく取り組んでいることがわかる。討論会のような場ではなく、学校からの情報提供や学校への個別回答という意味で十分とは言えないが、保護者と子どもの声を一応聞き、方針変更を説得すべく「学校だより」を継続発行しているわけである。その限りで定期テストの復活や標準服の制定を、新しい校長が必ずしも一存で決めているのではなくて、ある程度の地域の支持を調達しながら実施しようとしていると言えるだろう。声の聞き方やその分布の詳細は不明だが、聞いたことや調査結果を示しながら方針転換を説明している。

この事例からもわかることは、声を聞き、方針への一定の支持無くして学校運営方針を決定・遂行することはできない状況が存在するということである。繰り返すが、方針がよいかどうかを今は問題にしていない。個人的には、賛同できる方針も含まれている。ともあれ、声を聞くことや支持を集めることが定見のない悪い意味でのある種のポピュリズムを含んでいるかもしれないし、従来の方式への懐古的回帰かもしれないが、なんであれ、声を聞いた形をとらずに変えることができないことを示していると見ることはできよう。その後、ヒップホップダンスを一方的に禁止したことが報道され、賛同意見を調達しなかったことがわかる。地域と子どもの多数の支持を集める手続きを軽んじたことがわかる。その意味で現校長はこの社会的変化を十分に理解していなかったために強い批判にさらされた。

麹町中学の標準服への回帰もそうだが、この間の全国的動向は、客観的に見れば、詰め襟学生服とセーラー服がブレザータイプもしくはそれらとの併存になっただけであり、そういう画一化になったと見なすこともできる。表層の服が新タイプに変わっただけで、画一化のさせ方の変化はわずかと考えることもできる。こちらの見方を採用するとしても、しかしながら子どもと保護者の声を聞く仕組みが脆弱であるとしても、どこからか校則を変える声が広がるならば校則等を変える方向へ確かに歩んだと言えるのではないだろうか。すくなくも可能性は残されたとだけは把握しておきたい。せめぎ合いは今後もあれこれ散発的に各地で発生するだろうが、支持をより多く集めることが必須な状況が今である。

3　教育のスタンダード化の盛衰と矛盾

それでは、校則と関わりの深い教育スタンダードは変化しているだろうか。

教育のスタンダード化が日本では２０１０年代に進行した。日本の教育スタンダードは、三つのタイプがあった。一つは、校則タイプで、子どもの持ち物や行動の仕方、授業の時の行動の仕方を細々と規定したタイプである。もう一つは、教師の教育活動を指示するタイプで、単元づくりや授業の進行手順を示したものである。三つには、両方のタイプを混在させたスタンダードである。

ひところ教育スタンダードは設定ブームであったが、最近は一段落ついた状況にある。門真市は「毎時間ペア学習はできない」などとデメリットを挙げて改訂している教育委員会もあるが[7]、設定ブームの時期のように取り上げられることは少なくなった。廃止したわけでもないのにＨＰから削除した地域や学校も見られる。この状況を次のように見る。スタンダードの名前を使用するブームは過ぎ去ったが、しかしスタンダード化が終わったわけではなく、定型として存在し、定型依存症を蔓延させ続けている、と。

というのは、教育計画の設定が義務化され、その一環として設定することになったスタンダードだが、設定が終わればブームが去るという教育の世界にもありがちな反応が一側面としてあるからである。ただ、単なる流行と同じではない点がある。確かに教育スタンダードと名づける動きは鈍ったが、替わって、GIGAスクール構想に対応したICT化対応マニュアルをスタンダード同様の位置づけで打ち出すところが増大していることである。スタンダードという用語を使わずに、教育活動の画一化に影響を与える文書やシステムが作成・設置されるようになり、スタンダードに相当するものが学校に拡大して入ってきているのである。例えば、「毎時間一度はICT機器を利用する」などとする学校が多く見られるのはその証左ではないか。

この変化は、スタンダード設定ブームの沈静化と、設定されたスタンダードの性格によって微修正が行われているとも考えられる。すなわち、細かすぎる校則を教育スタンダードにしてしまったような地域では、その評判が良くないことを反映して修正し、日常としては意識の上からいったん消去しているわけである。あるいは、保護者をはじめ世間から厳しいまなざしが送られるようになり、世論をそれなりに反映した学校運営という動向と係わって、細かすぎるスタンダードの説明がつかず、HPから消さざるを得なくなった地域もあろう。なかには、過去を総括せずに改定を重ねる文科政策の嗜癖を真似て、今度は情報化社会に対応した教育を進めているとアピールしたいのかもしれない。

教育スタンダードの取扱いの違いはそれぞれの地域の事情と関連するとしても、ともかくいったん沈静化してきているのは事実である。念のためにGoogleトレンドでの取扱い量を見ると、2004年頃に最大となり、以後降下し、2011年からはさらに低下し、現在では2011年頃の四分の一程度の世間的話題量となっている。[8]

用語の使用量は減少したが、教育活動の取り組み方は、現在もスタンダード化と同様に画一的な対応の学校が多い現実がある。つまり、スタンダードと名のつく文書は目立って増えてはいないが、教育活動を統制する文書・システムは増えている。教育活動の取り組み方をシステムとして導入する事柄が増大しているからである。その一つの大きな要因がGIGAスクール構想に伴う校務と授業準備・授業づくりシステムの導入である。

ここには統制の仕方の変化が読み取れる。一般的文書による統制から、より直接的に子どもと教師の行動を統制するシステムに変わってきている。スタンダードは、子どもや教師の行動を一般的な文書の形で指示・統制するものであった。それが直接的に教師と子どもの行動を統制するものに変化している。ただし、学校管理者や教師の言語的命令で統制するのではなく、システムの利用が行動を統制するようになっているのである。デジタル化と結びついて進行しているわけである。

例えば、「心の天気」というアプリによる統制である。[9] タブレットPCを使用して、子どもの気分を毎日、天気の晴れや雨などから選択してクリックさせる。従来は教育スタンダードに健康観察で「挨拶しましょう」等であったが、それに代わって、導入したタブレットにインストールされた「心の天気」アプリケーションをクリックさせてから、次の作業へ行くシステムとなった。このアプリの使用が学校単位で決まると、教師と子どもの行動が決まる。「心の天気」は、元々は心理療法の一つで心の状態を天気に例えて描かせるものであったが、それを単純化してボタンを選ばせることで子どもを理解した気にさせるシステムとなった。教師も子どもも実際に行うことはひどく簡単でクリック一つで終わる。天候として雷を子どもが選択しない限り、教師は個別に対話を通常しないことになっている。だから、そうした教師の対応を面倒と考える子どもは、「適当に」無難な選択をすることが多いという教師からの報告を何度か聞いた。だから、取扱いは簡単だが、単純化した分だけ診断の信頼度は低下し、教師が子どもの肉声の返事から読み取っていた情報は消えさり、子どもとの関係はさらに薄くなっているという。このようにデジタル化されたシステムが導入されると、実際の行動と取り組み方が画一化・事務化し、教育水準を低下させるデメリットを発生させているわけである。こういう形でのデジタルによるある種の教育のスタンダードが、制定の手続きなしに、アプリケーションの操作マニュアルとして学校に入り込んできているのである。これが教師管理と教育の分野では進み、さらに拡大がもくろまれている。

4　デジタル化による教師管理と授業の画一化

学校は、上意下達の命令の作動する組織に変えられ続けてきた。スタンダード化は保身と有無を言わさぬ上からの強面の画一化であったが、今はデジタル化による画一化が進む。さほど強制せずともデジタルを利用すると、画一化へと向かってしまう。

その仕掛けは、タブレットPCに内蔵された授業支援アプリ、教師用デジタル教科書、デジタルドリル、子どもと教師の評定および管理用アプリである。これまでの章で指摘してきたが、これらが管理主義的な画一化であることを改めて述べておきたい。

授業支援アプリを使うと、本物の教材は提出できないが、動画や写真の提示は簡単となる。近年の教科書は授業の進行を書き込んであるために、教師用デジタル教科書を利用すると授業の進行を個々の教師が考える必要度が低減する。授業に必要な教材・書き込みシートや課題も用意されている。個々の教師は自律的に考えなくても授業進行モデルがそこにある。さらに、これらを使用すると、使用ログが残り、どの程度利用したかで教師も管理されていく。

教育産業のデジタルドリルを契約する自治体も多いが、これらはＡＩを利用して「個別最適な学び」を提供すると謳っているが、実際はドリル設計者の教育観に沿った反復ドリルが待っているだけである。その反復ドリルは、学習者に特定の反応を求めるシステムとなっている。

こうして本物を学びの対象とするのではなく、デジタルで済ませてしまうことが始まっている。

しかし、それでは本物が提出する全体性やリアルさが失われてしまう。具体的な体験も重要だと文科省も言うのだが、デジタル化と教師の多忙化が続くと子どもの学びは、画一化し結果的に学習活動が貧困化する。「個別最適な学び」のスローガンとは裏腹に、同じ授業パターンが多くの教室に出現する。これについては拙著『画一化する授業からの自律』（学文社）でも述べた。参照いただきたい。

生徒管理がデジタル化でさらに画一化の度合いを高めているわけである。デジタル型画一化は、簡単で効率的に見えるが、子どもの多様なニーズに応えることができない。確率的に反応するため、マジョリティ向けの単純化した固定的対応しかできないからである。教育活動は教師と子どもの即興ドラマのような側面があるが、現在のデジタルのプログラム原理ではそれができない。それが可能なのは生きた教師だけである。プログラムされていない事態に対応し、授業の進行をその場で変えることができるのは、教室空間にいる教師と子どもだけである。ＩＣＴの使用権限を個々の教師に委ね、学習ログで管理する仕組みに規制をかけ、デジタル型画一化から教師と実践を解き放つ取り組みが期待される。

註

（1）文部科学省初等中等教育局児童生徒課「校則の見直し等に関する取組事例」２０２１年６月８日発出。

https://www.mext.go.jp/a_menu/shotou/seitoshidou/1414737_00004.htm

（2）別添資料には、取り組み方の資料が添付され、そこに手順と変える方向も示されていた。「別添1　校則の見直し等に関する取組事例について①（教育委員会）」https://www.mext.go.jp/content/20210624-mext_jidou01-000016155_001.pdf

（3）文部科学省『生徒指導提要』２０１０年、82頁。

（4）文部科学省『生徒指導提要』２０２２年、27頁。https://www.mext.go.jp/content/20230220-mxt_jidou01-000024699-201-1.pdf

（5）同右書、１０２頁。

（6）麹町中学校ＨＰに変更した方針が学校だよりとして掲載されている。https://www.fureai-cloud.jp/_view/kojimachi-j/home/index/chiiki

（7）「『門真市版授業スタンダード』の改訂に向けて（教育センターだよりから抜粋）」より引用。https://www.city.kadoma.osaka.jp/material/files/group/48/shiryo06-2.pdf

（8）Google トレンドに「教育スタンダード」と入力して検索させた結果、ピークの２００４年12月を１００とすると、２０２３年11月は11となった。２０２４年1月20日実施。

（9）教育用アプリケーションの一つである。現在の自分の気持ちを「晴・曇・雨・雷」から選択させる。このアプリケーションの元来の内容の善し悪しではなくて、デジタル化されてシステム化された場合に、行動が統制されることを問題化したい。環境型権力より直接に行動を統制する。

第10章

教育におけるAI利用の課題

はじめに

教育におけるＡＩの利用と教育のＤＸ化が政策的に進められている。人工知能（Artificial Intelligence）を利用したアプリケーションがノートパソコンに標準で搭載されるようになり、話題となったChatGPTの導入も広がり、一挙に身近な存在となった。政府も関連する産業界もその利用と普及に精力を傾けている。教育以外の世界では、実用に向かなかった車の自動運転や医療画像診断の精度が向上し一部利用されるようになり、囲碁や将棋アプリはプロ棋士の力を越える水準にまで到達するに至っている。教育の世界でも、主に二つの領域でＡＩの利用が試行されるようになりだした。

一つは、教育活動もしくは子どもの学習活動の一部もしくはその代行としての利用である。例えば言葉の検索あるいは文章や図表の作成などである。塾の一部ではＡＩが問題を出し、採点し、回答の説明をするシステムの導入が広がっている。さらに近未来論として、ＡＩが教師に取って代わる世界を構想する向きも一部にある。

もう一つは、教育関連のビックデータの収集・処理である。例えば、個人の各種のテスト成績やタブレットＰＣの利用履歴、あるいは教育費等の会計処理記録などの集計などかなり広がっている。

ここでは、ＩＣＴ機器の利用一般ではなくて、生成系ＡＩを利用する教育活動もしくは学習活動の抱える問題点を考察し、本章において指摘する危険性が（解消するとして）解消するまで、抑制的な対応を学校も教師もすべきことを主張する。危険性の解消には法的整備が前提であり、当然のことながら教育活動としての有効性に関する実証データの一定以上の蓄積も必須である。

1　ＡＩの仕組みと限界

まずは現在のＡＩの原理的な仕組みを知らねばならない。(1)

現在、一般の人向けにある程度利用されている生成系ＡＩアプリケーションは、検索エンジンにＡＩを搭載したＢｉｎｇやChatGPTが有名だが、それら以外にも日々制作されている。生成系ＡＩを制作するＡＩや、ＡＩとＡＩをリンクさせるプログラミングＡＩ、専門的な利用

図表10-1　対話型生成AIの仕組み

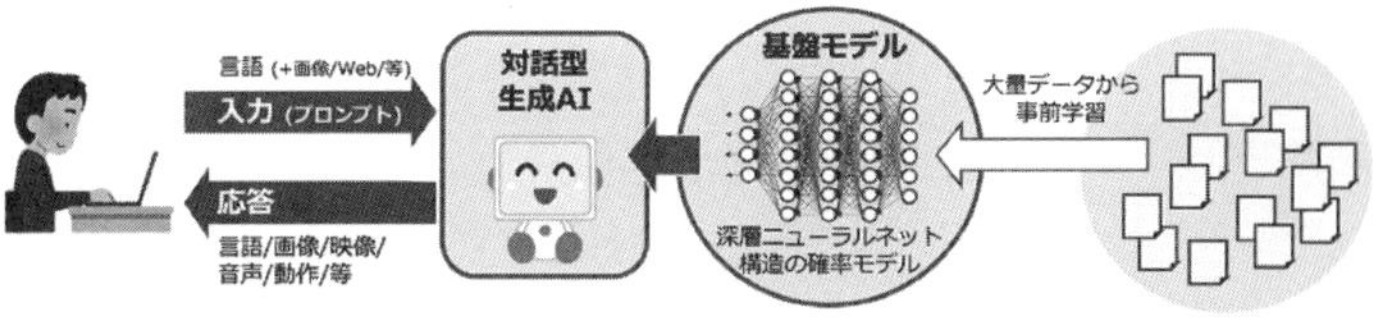

出所）CRDS 国立研究開発法人科学技術振興機構 研究開発戦略センター「人工知能研究の新潮流2 ～基盤モデル・生成 AI のインパクト～」2023年、p.4より

目的に特化したＡＩなど多岐にわたる。ここでは、テキストや画像、音声などのコンテンツを自動的に生成するＡＩを念頭に検討する。

図表10－1にあるプロンプトとは、利用者が入力する指示や質問のことである。プロンプトが表示されているＰＣ画面の状態で指示を書き込むと、それに対応した出力を文章や画像として表示する。従来の検索エンジンは、言葉の意味を解説してあるサイトを選び出している程度だったが、生成系ＡＩは言葉の意味を外形的には人が説明したかのように表示する。言葉の意味を質問すると、それぞれのアプリが学習している大量のデータから質問に対応した言葉や文章を選択的に出力してくる。

図表10－1はその模式図となっているが、生成系ＡＩが文章を制作する仕組みは、①入力された情報がニューラルネットワークの構造モデルによってパターンとして解析され、②該当するデータ・言葉が機械学習されて貯蔵されている大量のデータから選択され、③選択された言葉・データをプロンプトの指示に対応させた文や図をニューラルネットワークのシステムの指示にしたがって出力するというものである。

主として問題となるのは、入力情報の解析と出力情報の選択・決定システムの部分である。そこに係わるニューラルネットワークの仕組み、計算式が大きなシステム上の課題なのである。この構造がどうつくられているかでＡＩの性能の良し悪しが決まるとされる。問いに対する回答が一対一対応しているような場合は、そのシステムは単純だ。そうではなくて、条件によって回答が変わる場合になると少し複雑になる。この辺りまでは、正解を覚え込ませる「教師あり学習」で対応可能だ。

条件が同じなのに複数の解がある場合、もっと言うと解が定まっていない場合などになるとニューラルネットワークの仕組みはさらに複雑になっていく。「教師なし学習」となって多くの場合、データに基づいた確率計算式を仕組みとして採用することになっている。これが現在はひどく複雑になってきているという。だが、確率計算であるためにさまざまな制約がそこにある。パターン認識を確率計算しているために、時に人ではあり得ない回答を生成系ＡＩが提示することもある。

こうしたことが知られるようになって、ＡＩが何でもできて素晴らしいかのような言説は、今もないことはないが、ひと頃よりは減少した。ＡＩにできないことのいくつかが知られるようになってきた。人とＡＩの違いを紹介する論調が目につくようになった。例えば人は常識や連想ができ、五感を使って物事の全体をつかめるが、ＡＩは表層の情報に左右され常識が働かないといったことを指摘し、それぞれの得意を生かすように相互補完的に利用するという着地点で終える議論である[2]。

だが、人工知能研究を直接に専門とする人々は、周辺でアプリの利用に係わる例えば教育工学系の人々より率直に不可能性を語る。政府系の人工知能研究の報告書には、何が現在できないかが明示されている。二つの領域でできないことが自覚されている。

(1) 深層学習の不能性(3)

㋐機械学習に大量の教師データや計算資源が必要で、少ないと精度が落ちる
㋑学習範囲外の状況に弱く、実世界状況への臨機応変な対応ができない
㋒パターン処理には強いが、回答の意味や解答の説明などの高次処理ができない

ＡＩのできないことをまとめて簡潔に言うと、ＡＩは予め大量のデータをため込んでおかなければ精度がひどく低く、論理推論が苦手で、応用が利かず、創造性がないもしくは低いというわけである。対して、人間は、大量データを学習せずとも、それまでに学習したことを組み合わせて対応していくことができる。

実際に体験した例を挙げる。こんなことが発生するのが現在の仕組みであり、水準であることを自覚しておく必要がある。最新のＡＩアプリの活用に関するデモンストレーションと講習会を兼ねた大学のＦＤに参加した２０２３年末のことである。すでに国内だけでも１００を越える理系の大学・学部で利用されているＭＡＴＬＡＢでのことである。これはＡＩアプリ同士

を連結できるアプリで、生成系ＡＩと画像のビッグデータを集積している米国のセンターとを連結し、寝ている猫の画像を読み取らせて判定させた。するとこの生成系ＡＩは、「犬」と回答してきた。参加者の一部に笑いが起こった。続けて、九州ラーメンの画像を読み取らせると「シチュー」と判定してきた。今度はどよめきがさらに広がった。ちなみに、１００名を越える教職員・学生が参加していたが、判定を間違う人はいなかった。インストラクターは、集積データが米国中心で地域的偏りがあることなどが誤判定の原因だと指摘し、生成系ＡＩの回答をそのまま鵜呑みにすることの危険性を指摘していた。この事例は、㋐の機械学習データの不足を主たる要因とする不可能性と考えられる。集積データの偏りだとしても、データがいくつあれば確実なデータの数となるのかはわからない。

㋑の典型は、どんなに有能な自動運転ＡＩであっても、他には使えないことが該当する。ＡＩに汎用性はほぼない。㋒タイプの欠陥は次項目の信頼性問題ともかかわるが、ＡＩの提出した回答の理由をＡＩが説明できないことを指す。例えば、ある単元の指導案を出力させたとする。その展開の理由やその展開を選択した根拠を示すことができない。その時点の学習したデータ量の趨勢で出力しただけなのである。ともかく、こうした欠陥を克服する諸研究が行われているが、まだ克服には至っていない。

もう一つＡＩには「信頼性」という点で大きな欠陥・課題があると指摘されている。先の報告書は欠陥を五つあげている。

（2）AIの信頼性問題（4）

a　「AIのブラックボックス問題」と呼ばれるAIの解釈や説明の妥当性が不明という課題
b　データの偏りが差別を助長するなど、公平性が担保されないバイアス問題
c　誤認識を誘発するデータ攻撃に弱い脆弱性問題
d　判断の安全性や品質保証の基準が不確実という品質保証問題
e　フェイク画像など情報の信憑性が担保されないフェイク問題

各項目について説明をする。

「ブラックボックス問題」とは、深層学習の不能性において触れたが、AIはなぜそのような回答をしたのか理由を説明しないという問題である。深層学習は複雑なシステムになっていたとしても原理的に確率論に依拠しているために、回答の理由を応えることができない。したがって、確率的な深層学習の仕組みを採用している限り、この問題の解決は困難だと今のところ考えられている。理由を付記させる別のアプローチが模索されている。

「バイアス問題」とは、集積したデータにどのようなデータが多いかで出力としての回答が変わってしまうという問題である。例えば、女性差別的文化慣行が歴史的に多くあるが、その多さ故に回答がそれを反映した出力となる事態である。他に現代でも多い事柄としては、「日本素晴らしい」という報道ニュースばかり配信するジャーナルのデータばかりを機械学習をさ

せると、ナショナリズム色の濃い回答が生成されるといった問題である。

この仕組みを悪用するのが「脆弱性問題」である。意識的に誤認識を誘発するサンプルを機械学習させられてしまう問題である。例えば、画像認識にわずかな表示加工を施して一定数を読み込ませると、画像判定を誤らせることができる。こうした悪意ある攻撃に弱いという課題である。車の自動運転であれば誤認識によって事故が生まれたり、陰謀論などを覚え込まされると不適切な発言をＡＩが繰り返すようになるといった事態を指す。

「品質保証問題」とは、単に集積されたデータだけで対応を出力すると、人の安全性が保障できない場合があり、いったいどれほどのデータがあれば保障できると言えるのか不明ということである。報告書では自動運転の場合に発生する危険性を並べて、それらをすべてクリアすることができないという問題を例示している。

「フェイク問題」はかなり知れ渡るようになった。有名人の偽画像や音声、それらを用いた世論誘導などだが、一般の人間には見分けることがほぼできない。

こうした社会的要請に関わる側面に脆弱性を抱えているのが現在のＡＩと社会である。人間社会の法律や規則に対応することができていないのである。

そこで、国家レベル・国際条約レベルでの検討が行われ、一部で明文化したＡＩの社会原則やＡＩの倫理指針が策定され始めている。だが、現在の日本は利用が先行して規制が追いついていない現実がある。この問題については後に取り上げる。

2　ＡＩの回答は誰の回答か

ここまでの議論ですでにＡＩを利用した教育の基本問題が見え始めたであろう。すなわち、プロンプトを書き込むのは学習者だったとしても、出力された回答は学習者自身が作成したものではないことである。生成された文章は、ＡＩが機械的に作成した文字列・記号配置にすぎない。これを学習者が例えば宿題の回答として提出すれば、宿題は解けていたとしても、解いたのは本人ではない。学習者はＡＩの出力した文書を読むぐらいはするかもしれない。そうすることでいくらかは理解するかもしれない。ＡＩに解かせた学習者は、宿題を解いたのか解かなかったのか？

今日の人間社会の通常の理解では学習者本人が解いていないと判断するだろうが、回答を受け取った側は誰が解いたのかわからない。基本問題がここにある。学習者と生成系ＡＩの回答とが融合させられた文書が作成されると、誰が作成した文書かがさらに微妙になってくる場合もある。

教育の場面でありそうな事例を思い描いてみよう。

次の図表10-2を見ると、課題と回答方法によって、学習者の回答かそれともＡＩの回答かの境界が判然としなくなる局面がわかるだろう(5)。

図表10-2　学習課題ごとの回答主体の透明度

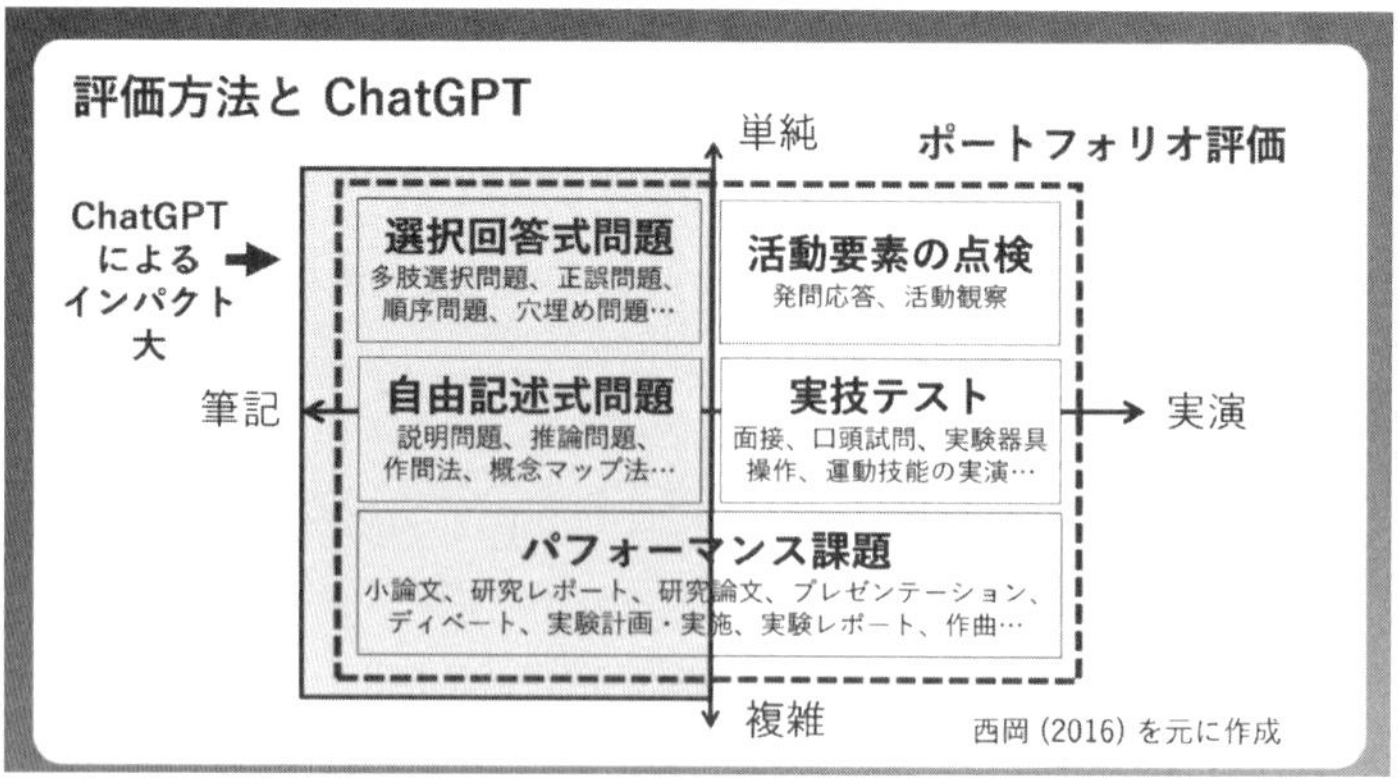

出所）吉田類「教員向け ChatGPT 講座」配布資料より

学習課題が、選択式問題や穴埋め問題の形式で出題された場合、教師には学習者が回答したか、ＡＩの作成したものかわからない。自由記述の文章による回答を求めた場合もどちらかわからない。長い小論文であれ、プレゼンであれ、これもどちらが作成したのかはわからない。

それに対して、教師が学習者に直接に発問を出し、その問いに回答する活動をリアルに観察していれば本人かどうか確認することができる。面接や実技が課題の場合も、本人の活動を直接視認できるため、これははっきりする。しかし、プレゼンテーションは本人が行うとしても、そのプランをＡＩに作成させることも有り得る。この場合は、どちらと考えるか。１００％一方だけとは言えなくなる使い方があり得るのである。リアルな対面で実施しているとしても、発問を学習者がパソコンに打ち込んでＡＩに回答させてそれを自己の回答とすることは有り得る。タブレットが普及した現在の教室ではあり得ることである。すると、こうした回答があり得ることを想定した教育活動、子どもの学習活動を想定した課題の提出が必要となる事態も考えられる。

そこで、学術団体の一部では、論文作成の際にＡＩを利用した部分の明示を求める規定を制定するところも出始めた。大学の講義やテストにおける生成系ＡＩの利用制限を設定しているところも増加している。授業時間中の利用はある程度確認できるが、自宅でやってくるレポート課題となると不明となる。この事態は、小中高校の場合も同じである。英作文や英文和訳などの課題をかつてのように提出することには躊躇が生まれている。

そこで、最新情報に弱いという生成系ＡＩの弱点を織り込んだ課題にするなど対応をとる人もいるが、決定的な峻別は困難と言わざるを得ない。

反対に、英会話などのコミュニケーションの擬似的相手として積極的に利用する試みも出現している。しかし、この場合も人とのコミュニケーションとは違ってくることを踏まえておく必要がある。

ともかく、人の回答かＡＩの回答か峻別が困難な時代に入ったことは理解しておく必要がある。さもないとＡＩに罪はないとしても、教育実践の破壊が生まれ、ＡＩによるある種の主体の偽装によって子どもの成長が阻害されることになることも考えられる。ＡＩのアプリケーションによっては年齢制限のあるものもあるが、学校教育における利用ルールの研究を先行させる必要がある。

教育活動へのＡＩの利用として産業化が進んでいるのは、教科の学習問題の作成とその自動採点や解説のセットづくりである。ドリルタイプのデジタルコンテンツが先行しているが、ＡＩの「深層学習の不可能性」問題が解決していないために、子どもの回答に応じた最適な説明を提供することができないでいる。確率的に上位とみなされている説明に終わっている。したがってまた、次に提出される学習課題もそれが最適かどうかはわからない。教育産業の広告にはＡＩの利用のメリットが配信されているが、その有効性や弊害に関する実証的な研究はいまだ蓄積されたとは言えない。

教師が教育活動のためにＡＩを利用することも始まっているがこれとて、その有効性を示すところまでには至っていない。教師や子どもの意識調査や部分的データに留まっている。健康や思考傾向に係わる弊害に十分な目配りをした調査研究が求められる。

3　ＡＩに抜かれる個人情報と教育の実質

ＡＩに限らないが、ＰＣ関連のアプリケーションの利用は、個人情報の保護と収集並びに利用の制限の問題を抱えている。日本では、２００３年に「個人情報保護に関する法律」が成立し、特定の個人を識別できる情報の保護を国等の行政機関や事業者に求めることができるようになった。その後、「個人情報の保護に関する法律についてのガイドライン（通則編）」（２０１６年）が制定され具体的な個人情報の取扱い方が示され、部分改訂が続いている。

しかしながら、個人情報の収集とその利用に関する諸規定は十分ではなく、個人情報の侵害・漏洩が後を絶たない現実がある。ネット上に誹謗中傷あるいは誤情報が流れた場合の対応もゆるいままとなっている。教育の分野は個人情報が日々生まれる分野であり、この規制は喫緊の課題となっている。

図表10-3にあるように、国際的な規制と基本方針が徐々に打ち出されつつある。しかし、なお定まっていないことが多く存在している。

ユネスコのいわゆる「ＡＩ倫理勧告」（２０２１年）を一部例示することで、日本の対応が遅れていること、教育活動におけるＡＩ利用の危険性を示す。(6) 個人情報に直接かかわる勧告の部分を引用する。

「加盟国は、個人が自己の個人情報に関する権利を保持し、並びに個人情報が特に次の事項を見据えた枠組みによって保護されることを確保すべきである。

すなわち、特に透明性、機密データの処理に対する適当な保護措置、適当な水準のデータ保護、効果的及び有意義な説明責任の制度及び仕組み、国際法に従った特定の状況を除き、ＡＩシステム内の個人情報にアクセスし、及び消去するというデータの主体による権利及び

図表10-3　AIの規制動向

出所）ＣＲＤＳ 国立研究開発法人科学技術振興機構 研究開発戦略センター「人工知能研究の新潮流2 ～基盤モデル・生成ＡＩのインパクト～」2023年、p.17より（青字部分を明朝体へ変更）

能力の完全な享受、データが商業目的（マイクロターゲット広告の実現等）で使用され、国境を越えて転送される場合におけるデータ保護法令に完全に従った適当な水準の保護並びに個人が自己の個人情報の管理を維持し、及び情報の自由な流れ（データへのアクセスを含む。）の利点を国際的に促進するデータガバナンスの仕組みの一部としての実効的かつ独立した監視を見据えた枠組みによって保護されること。」

蓄積された個人情報に当該の人間が直接にアクセスし、情報が不適当な場合に消去できる権利があると言っているのだが、現状では事実上その権利は保障されていない。アクセス先が定かでなかったり、手続きに時間がかかり、その間に個人情報が一層拡散する現実がある。また、個人情報の一定の商業利用を認めているが、この利用が際限なく拡大し、商業利用されたデータの流出が後を絶たない。教育産業の商業利用として多いのは、各社の開発したアプリケーションの利用ログ、学習者の回答結果に関するデータである。これらのデータは、次のアプリの開発の基礎データとなるために企業としては欲しいデータとなる。だが、個人の側からすると学習課題にどう反応したのかが逐一補足されることになる。これが進路選択や個人の属性と関連づけられて行くとプライバシーに係わる情報となる危険性がある。どう利用されているかは、例えば、ＳＮＳで個人の嗜好に関連する記載をすると、関連広告が表示されるようになることを想起するとよい。あるいは、各種サイトにアクセスすると個人情報を収集する告知が表示され、承諾しないと利用できない仕組みが採用されていることでもわかる。この例は、圧倒的にサイト開設者に有利な仕組みとなっていることを示している。

現在、個人が特定されないようにマスクをかけるなど一定の対策を施すことになっているが、その確実な遂行を網羅的にチェックする独立した公的機関は存在していない。

行政とりわけ教育行政、あるいは学校による個人データの利用もどこまで認められるのか、明確化されていない。学校の取り扱う個人情報は、子どもだけでなく、保護者や教職員のデータに及ぶ。指導要録は紙のデータとして項目と保存期間が定まっているが、デジタルデータは一般的な個人情報保護の規定に沿う形とされてはいるが、個人の特定が容易であり閲覧者の制限等も厳密に規定されていない。個人情報の管理規定、保護規定の制定が法律で規定されているが、その規定の仕方はそれぞれに委ねられている部分があり、個人の側からすると保護が十分とは言えない状況にある。

教育の局面では、子どもの内面に関わるデータの集積の問題、テスト等の評価・評定に関わるデータ、交友関係などの生活指導的データなどがとりわけ問題となる。従来とは比較にならないほどのデータの保存が可能となっている今日、規制システムの速やかな議論と制定が必要である。

生成ＡＩの利用記録など子どもたちはログが大量に集められていることを必ずしも教えられていない。気にもとめずに各種アプリや電子カードを利用している実態がある。その結果、情報をとられているだけでなく、さまざまな被害に遭遇している。

そこで、デジタル・シティズンシップの教育としていくつかの試みが始まっている。だが、インターネットの安全な使い方や個人のデジタル機器への態度の形成に比重をおく「情報モラル教育」止まりが多い。[7] 特に行政関連サイトに示されている内容には「情報モラル」の色彩が強い。「情報モラル」はそれなりに必要ではあるが、それではデジタル社会の抱える課題が見えてこない。そこで、デジタル社会の批判的構成員という視野を持つ教育構想も提案され始めている。[8] つまり個人の身につけるべきインターネットの利用技術やマナーだけでなく、現代のデジタル社会の課題すなわち個人情報などの権利が十全に保護されていない現実に関する教育、社会的動向の教育が必要だというわけである。これらの具体化が喫緊の課題である。

最後に、教師のＡＩの利用についてまとめる。現在、次の三つが走り出している。授業の手段・道具、子どもの評定・テストデータの管理、学校運営の三つである。授業での利用は第２章等で論じたが、ＡＩを使えば教師も補足されている自覚が必要であると同時に、その教育活動はリアルな教師が子どもに向き合うのとは違っていることの自覚が何より必要である。例えば、テストの自動採点を例にとるとわかりやすい。自動採点を導入すると教師はいくらか時間の節約になるが、子どもをその分把握できなくなる。点数にしか興味のない教師であればそれでよいかもしれない。だが、もし子どもの教科内容理解や子ども自身のものの見方に関心を向ける教師であるならば、機械に委ねることで何が失われるのかに自覚的である必要がある。こうした事例からわかるように、教師の教育活動におけるＡＩの利用は、その意味と効果の実証データが必要である。ひと頃「エビデンスが重要」と言われたことがあったが、これらに関してはエビデンスなしの「ＡＩ利用」のなんと多いことか。「こう使える！」ではなくて、定型的なチェックポイントをクリアしただけのわかり方ではなくて、全体的な豊かなわかり方を保障できたかどうかのまなざしで教育実践を見つめる必要がある。こうした学びと個人情報の保護システムの構築が揃うまではＡＩの教育利用には抑制的になる必要がある。

註

（1）ＣＲＤＳ 国立研究開発法人科学技術振興機構 研究開発戦略センター「人工知能研究の新潮流２ ～基盤モデル・生成 ＡＩのインパクト～」２０２３年、４頁。https://www.jst.go.jp/crds/pdf/2023/RR/CRDS-FY2023-RR-02.pdf

（2）赤堀侃司『ＡＩと人間の学び』ジャムハウス、２０２２年、1章から3章参照。

（3）前掲註（1）、12-14頁。

（4）同右、18-20頁。

（5）吉田類「教員向け ChatGPT 講座～基礎から応用まで～」配付資料より引用。https://www.itmedia.co.jp/news/articles/2306/01/news110.html?utm_source=dlvr.it&utm_medium

（6）ユネスコ「人工知能の倫理に関する勧告」２０２１年。https://www.mext.go.jp/unesco/009/1411026_00004.htm

（7）総務省のサイトは個人の対応の仕方を解説するタイプの典型である。総務省「上手にネットと付き合おう！　安心・安全なインターネット利用ガイド」https://www.soumu.go.jp/use_the_internet_wisely/parent-teacher/digital_citizenship/

（8）坂本旬「デジタル・シティズンシップの可能性と教育学の再考」『教育学研究』第88巻第2号、２０２１年、参照。

おわりに

表の声とできあがる実態がかけ離れていることがある。教育の世界にもしばしば発生している。真実味のない声、偽装した声としか思えない事態がある。そんな時、実態からこぼれ落ちる小さい声、隠されてしまうもう一つの声を探すように世界を見る。その声の中に可能性が聞こえることがある。そこに世界を反転させる歩みが見える気がすることもある。そんな声を聴きながら議論を重ねてきた。この本もそんな一つになることを願いながらまとめを記す。

今は「子ども中心の教育へ」の声が公式には斉唱されている。しかし、実態としては、その声の教育を含めて授業の画一化が進行している。そこには、従来からの画一化の構図と近年の画一化要因とが混在している。まずは最近発生した事案の構図を取り上げ、長く続く授業を画一化させる要因を示す。次いで、2010年代後半からの教育のデジタル化による授業の画一化と貧困化の構図を確認する。それぞれの最後に、画一化と貧困化を転換する方向を記す形で話しを進める。

最近の事案とは、奈良教育大学附属小学校の教育課程と授業が学習指導要領と教科書に沿っていないと問題化された事例である。伝統的な画一化の要因が今も強く作動していることを示している。

同大学の報告書によると、「学習指導要領に示されている内容の実施（授業時数・履修年次・評価の実施を含む。）に関する不適切」があったとし、「教科書の未使用」があったとしている。[1]具体的には、毛筆指導の時間数が少ないこと、全校集会を道徳の指導としていたこと、外国語の代名詞の指導などが不足であったなどと記してある。また、教科書に代わる教材として独自に作成したプリント等を用いたことを学校教育法第34条第4項の「教科用図書及び第2項に規定する教材以外の教材で、有益適切なものは、これを使用することができる」と定められているものの、教科書を全く用いていない教科もあって不適切だとしている。大学当局と校長が回復措置を行う方針を打ち出し、当該校の教員の一部を出向させるなどとしたために、反対の声明などがいくつも提出されている。

ここには明らかに、学習指導要領と教科書と教科書会社が参考として作成した教師用指導書にある単元の授業時数に合わせさせようとする力が作動している。この方針が仮にいつでもどこでも実施されると、授業は画一化することになる。ほとんどの授業が、それぞれの学校が使用している教科書タイプの授業に画一化することになる。それは統制が行き届いた独裁国家のような状況と言えよう。

なぜ奈良教育大学の「是正」と称する方針が教育を画一化し、貧困な教育をつくり出してしまうのか。そこに、寄って立つ論拠や理由づけに教育を画一化させる論理と力が見える。一つは、学習指導要領を遵守しようとしているが、その依拠の仕方と認識に誤りがあるためである。二つは、教科書の絶対視ないし教科書使用義務を巡る誤認である。三つは、附小の教育を問題化した経緯に示されているように、地方教育行政並びに地域社会と学校の関係の歪みである。

まず、国家の側からの力としての学習指導要領という存在の拘束力が見える。学習指導要領は旭川学力テストの最高裁判決（1976年）において「大綱的基準」とされ、学習指導要領の一言一句が拘束力を持つものではないことが確認されている。最高裁の文言を引用しておくと「教育の機会均等の確保及び全国的な一定水準の維持の目的のために必要かつ合理的と認められる大綱的な遵守基準」の範囲内で有効とされた[2]。当時より現在の学習指導要領は、各教科等の細かな内容や授業の方法まで記してあるが、それら細部は当然にも大綱ではない。厳密にどこまでが大綱か曖昧さは残るが、不適切とした事項に、例えば国語科の内容に書写の規定はあるが毛筆の規定はなく、外国語の代名詞の規定も学習指導要領にはない。よって、学習指導要領の記述の観点から見ると、ましてや大綱の観点から見れば、附属小の取り組みが不適切とは言えない事項がいくつもある。これらの点が学習指導要領への依拠の仕方と認識の誤りである。

学習指導要領にないのに大学当局が不適切とするのは、もう一つ、教科書使用義務を教科書通りの教育の実施と見る狭量な見方とそこに誤認があるからである。学校教育法第34条の「小学校においては、文部科学大臣の検定を経た教科用図書又は文部科学省が著作の名義を有する教科用図書を使用しなければならない」の規定に則っているつもりであろうが、報告書にもあるように同条4項によって副読本等多くの教材の利用が認められているばかりではない。「使用する」とは教科書のそのまま、ないしすべてを細部まで授業中に使うことを規定したものではないことも踏まえる必要がある。

学習指導要領に「ごんぎつね」を読むなどとは書いてないように、他の作品でもよいものを集めた教材集が教科書であり、本来代替え可能なモノである。だから同じ教科の同じ学年の教科書でも教科書会社によって教材が当然違う。さらに、授業においても、算数教科書の練習問題だけを解くなどということはあり得ない。教師自作のプリントや市販のドリルを使うことは誰でも行うことである。教科書の使用を巡る判例も不適切とは言えない。伝習館事件の判例（1990年）が有名だが、「当該各科目の目標及び内容から著しく逸脱するもの」であったと認定された結果として処分が確定している。[3] この判決を読む限り、「著しく逸脱」しない限り、教科書の未使用と断定することはできないと解釈される。この場合の「著しく逸脱」とは、①教科の内容構成と全く無関係に、②一方的な内容を教え込むことが、③恒常的に続いた場合を指すと判例からは推量される。その意味では、取り上げる学年の変更はあっても教えているので、その限りで不適切とは言えない。もう一つ不適切の基準とされているのが、教科書会社が参考までにつくった単元の授業時数プランとの違いである。これを基準に不適切と判断していると考えられる。参考でしかない資料である教師用指導書の絶対視とでもいうような自律性のない見方があり、その結果として授業を画一化させる力を働かせることになっている。

そもそも教科書を使用したとは何かと考えを進めると、教育方法学的には興味深い事態に直面することになる。教科書を使用する主体は、この場合、子どもではなく教師となる。なぜなら、教育の義務を負うのは教育する側というのが憲法規定だからである。だから例えば、教科書を子どもが忘れてきたとしても学校教育法34条違反ということには全くならない。

教師が授業を行う目的で教科書を使用するその形態は多岐にわたる。授業の準備段階で使用する。教材研究や授業展開を構想するために分析の対象として使用する。分析の結果、教科書の教材を授業に使うことも当然あるだろうし、教科書の教材ではなくて地域に出かけていってそこにある自然や文化を教材とすることも多く行われている。実際、教科書教材だけでなく、代替となる教材に関する知を豊富に持つ教師の方が授業の基礎力量としては明らかに高い。だから、教師用指導書にある授業プランを基準に不適切としたのでは思考停止といわざるを得ない。奈良県教委も「奈良らしい教育」を方針に掲げているが、それは個別の学校がその学校に適した教育を模索する中からしか生まれない。学習指導要領にもあるように、学校の教育課程は学校が編成するものだからでもある。(4)

にもかかわらず、大学当局は地域の教育委員会からの情報を受けて、地域の教育課程と異なっている点を不適切としている。そうしてしまうのは、文科省と大学、地域教育行政と個別学校との関係が作用して授業を画一化させる力が働いていたためと推定される。全国的にも地域単位で教科書を採択し、教員人事も地域を原則とし、地域を単位とした教育課程を編成する慣行が長年続いてきているなかで、学校ごとに独自な教育課程を編成することが極めて少ない実態がある。地域や学校の教育課程といっても事実上、大半が採択している教科書会社の単元計画案とほとんど同じことが多い。学習指導要領には、「教育課程は学校が編成する」と規定されていながら、ほとんどが同じという実態が存在しているわけである。せいぜい総合学習・行事の一部と授業方法の流行において、いくらか異なる程度となっている。足並みをそろえることで権力に従っていることを示していると見ることもできる。これに社会政治的動向として、入試制度と一部に特定のものの見方を押しつけようとする動きが画一化に駆り立てる要因となる。今回の事案もこれらが複合して表面化したと考えられる。

こうして見てくると、奈良附小問題は従来からの授業を画一化させる要因が作動していることがわかる。すなわち、学習指導要領と教科書と地域社会の教育課程行政のシステムである。この画一化のシステムを公的に動かす制度として、21世紀初頭に法制化された「教育振興計画の制定」とその一環としての「教育スタンダード」の導入がある。「教育振興計画」は学校と教師を順位競争に駆り立てる。例えば、同時期に導入された全国学力テストの点数と順位を地域間や学校間で事実上競わせる。競わされると点数の取らせやすい授業を学校と教師は実施することになり、個別の授業の取り組み方まで枠付けることになった。これが画一化を促進した。

「地域の特色づくり」さえも、画一化に向かうことになった。例えば、奈良県にも「教員の資質向上に関する指標」が制定され、「奈良県らしい教育」がスローガン化されているが、その位置は「国や県、市町村の教育施策を理解した上で、自校の教育目標を設定」[5]するとし、国県市の順に決められた残りの枠内で学校の独自性を出すことで競うことになっている。こうした構造を支える思考には、変えていいことまで決まっていることと見なす嗜癖が刷り込まれている。奈良附小の実践が良いかどうかを述べているのではなく、例証してきたように、決まってないことを決めたからといって悪いことは何もないと言っているのである。それぞれの効力の範囲を正確に摑まないと、国や県の教育行政によって何でも決まっているかのような錯誤に陥る。「学習指導要領」と「教科書」と「教師用指導書」がすべてを決め、それらに従ってさえいればよしとする志向が授業を画一化させるわけである。本来規定されていない事柄まで「国の方針」だからと過剰に適応してしまう。これらが授業を画一化させる旧来から続く21世紀初頭にまで続く一方の要因構造である。

こうした構造の下にある日本の教育は誠に異常である。もう一度記すが左頁の図は、国際的にみて、教師の自律性が確保されていない最底辺の国であることを示している[6]。この数値は、以下に並べる六つの課題から少なくとも四つにおいて教師が重大な責任を負っていると校長が報告したかどうかに基づいて計算したものである。だから%が高い方が教師が責任を持って自律的に決定していることを示し、数値が低ければ教師が自律的に決めていないことを示す。

六つとは「生徒の品行規則の設定」「生徒の入学許可」「生徒の評価方針の設定」「教科書・教材の選定」「履修内容の決定」「履修コースの決定」である。日本の文科省も参加している国際調査の結果だが、授業の内容の決定や教材の選択さえ自律的に選べない状況におかれていることがわかる。授業に関わりの深い教科書や教材の選択では、中学校の場合、ＯＥＣＤ30カ国平均が74・7％、対して日本は19・8％となっている[7]。小学校の場合も同様の結果を示している。

けれども個々の教師は、画一化を最初から心底願っている人は少ない。にもかかわらず構造の中で画一化していってしまうのである。そうだとすれば、意識的にこれらの力に対して、子どもによい教育を保障するという憲法的な観点と教育の条理から現行のシステムを

図表　学校の方針、カリキュラム、指導に対する教師の全体的な責任

学校の方針、カリキュラム、指導に関連する業務の大部分において教師が重大な責任を負っていると報告した中学校の校長の割合

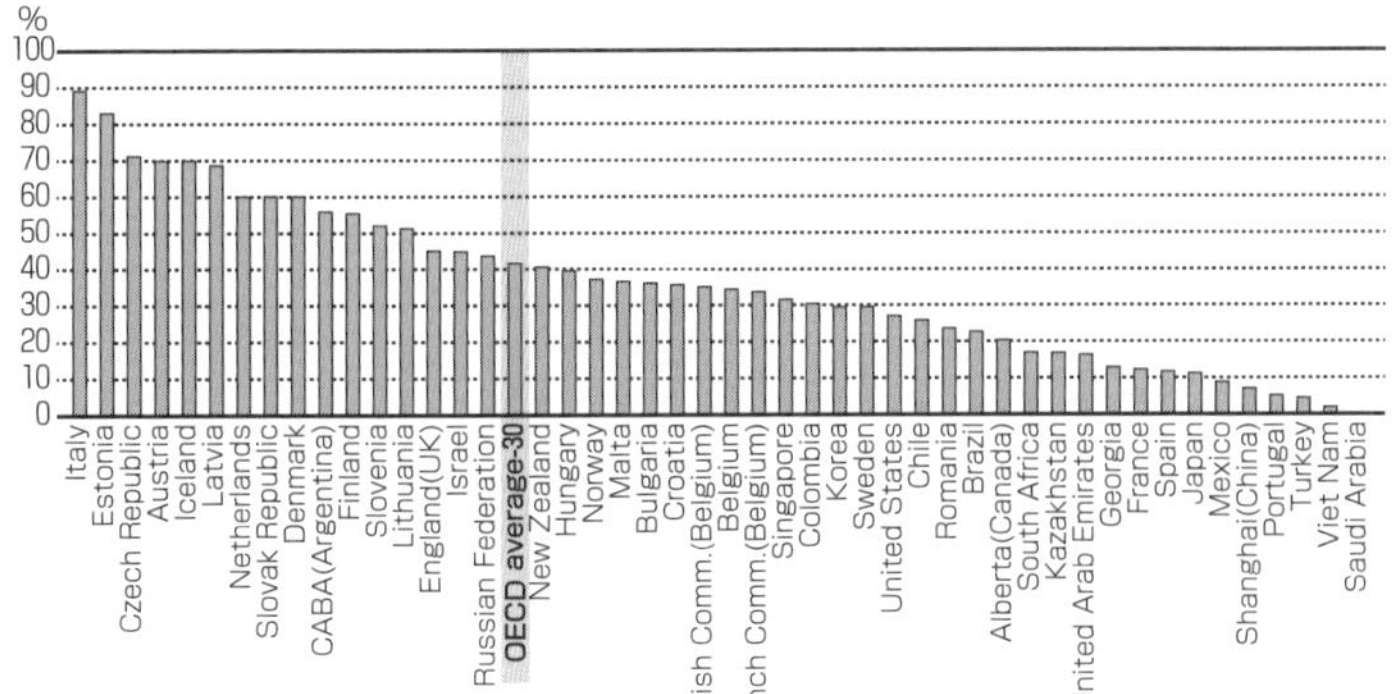

出所）TALIS 2018 Results（Volume II）Teachers and School Leaders as Valued Professionalsより作成。

捉え直していく必要がある。教育制度的な改革とともに、教育方法学的な見地からすると、まず第一に、教師の専門職権限として教材選択権を保障する必要がある。教師に教科書の採択権と教材選択権を広く公認する必要がある。従来通りの教科内容や教材でいいのかと考えたとしても、選択権限がなければ教育実践の改善は困難となる。子どもたちの理解を促すために従来と違ったよい授業展開を考えたとしても制約が大きい。教材選択権が広く保障されることによって、画一化を反転させていくこともできる。

第二は、子どものわかり方や思いもしくはリアルな声に注目することである。数量や記号に変換されたデータではなくて、生の声と姿に注目することである。思いを聴くと考えさえすれば、教育は変わり始める。教師用指導書等の授業プランに従うのではなく、子どものわかり方と声に応えるプランづくりに観点が変わる。学校の作成した評価規準から子どもの到達度を見るのではなく、子どもが何をわかりたがっているか、わかりにくさが何に起因しているかを探るように聴かねばならない。テストの点数やアンケートではなくて、生の声を聴くことが重要である。設定された基準で判定だけしていれば、決まった対応をして終わりにして済んでしまう。ついでに言えば、わかったことしか書かせない制度化された「ふりかえり」は声を聴いた内に入らない。

以上の二つ、すなわち教師の専門職性の尊重と子どものわかり方への注目を通じて、子どもに応答する創造的な教育を始めることができる。既定通りのことを行っているだけの学校ではなくて、子どもの姿を視野に多様な取組みを励ます学校運営、個々の教師への教材選択権の保障というその視野を持つだけで学校の空気は入れ替わる。その中で教科内容・教材の研究と授業の研究が本格化する。これが、20世紀から続く画一化の基本構造を越えていく教育実践研究の基本方向である。

今は、これに教育のICT化とりわけ教育のデジタル化が、授業を細部まで画一化させる要因として大量に入り込んできている。従来の画一化の構造にあらたな要因が加わっている。そこに見られる考え方の一覧が下図である。この「総合科学技術・イノベーション会議（第61回）」において配付された資料に見られる考え方は、口当たりのよさそうな言葉が並ぶが実際は能力別の画一的で貧困な教育構想をもたらす。過去の

図表　CSTI 教育構想

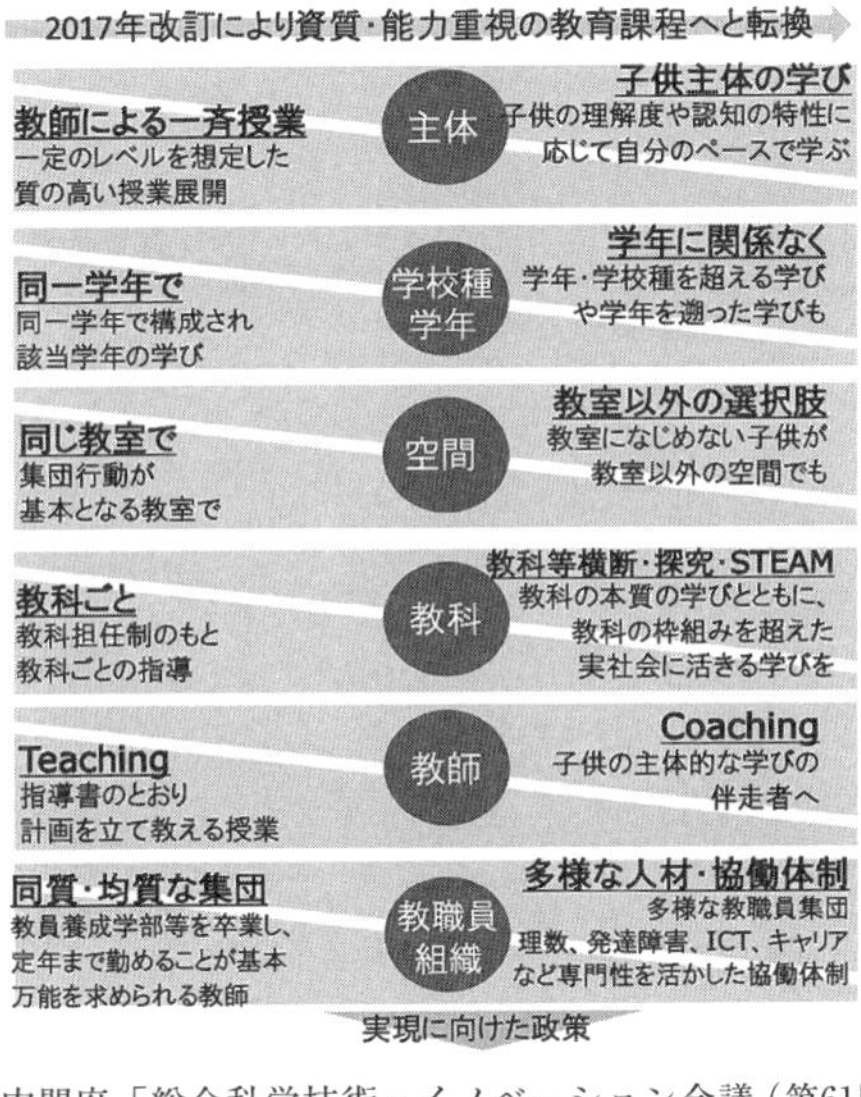

出所）内閣府「総合科学技術・イノベーション会議（第61回）」資料3-2より一部抜粋。https://www8.cao.go.jp/cstp/siryo/haihui061/siryo3-2.pdf

教育の捉え方においても、現下の教育政策の方向としても歪んでいる。こうした捉え方自体を転換していくことが研究的にも実践的にも課題と言える。

本書の前半の章で記したように、教育用デジタルアプリケーションやドリル等のデジタルコンテンツが配信されると、直接に教材と授業の展開を規定し、教師の活動も子どもの学習活動も強く拘束する。教育のデジタル化は一面で教師の仕事を軽減させる側面を持つために、それらのデジタルアプリを深く考えることなく利用することが増える。しかしながら、デジタルでは教材がいつでも二次元化されてしまうなど、できないことが多いだけではなくて、教材や人間の活動をデジタルに取り込むために、出題の仕方や回答の仕方を単純化せざるを得なくしている。単純化させられると、教育水準が低下し、学びの貧困化をもたらす。実際、論述やコミュニケーション量が減少したり、選択肢付きの出題など思考の枠組が最初から付けられているために、思考の深さが減少したり、体験的活動が減少するといったことに論及してきた。安易なデジタルコンテンツへの依拠をやめる必要がある。

不思議なことに教育論としては「教師中心から子ども中心へ」などのスローガンが各地で振りまかれているが、実際はデジタルコンテンツをつくった教育産業や教育する側のプランに画一化されることが増えているのである。それでは商品化された教育の市場が拡大しただけである。一つの矛盾した動向だが、デジタルコンテンツ等を利用することが、子どもの多様性を保障する教育の新たな潮流でもあるかのような単純な把握が見られる。

しかし実際は、教育のデジタル化への依存は、教育水準の低下を引き起こすものとなっている。例えば、学習課題を並べておいて子どもに好きに解かせ、ＰＣが子どもの回答を採点して、所定の解説を返す教育産業方式への廃頽が始まっている。これでは教師が子どもを深く捉えることもできないし、子どもも深く多様に考えることなどできない仕組みである。

そうではなくて、教科内容の豊かな理解をつくり出す学びの過程を教師と子どもたちとで構築する必要がある。これが教育のデジタル化にかかわる第三の課題であり、取り組む方向である。教師の教える活動を衰退させて「子ども中心」などありえない。教師の自律性を奪い、画一的授業方式を押しつけて「個別最適な学び」などあり得ない。子どもがもっとも学ぶのは、子どもに学ぶ活動を引き起こすように誘う教師の教育活動が旺盛に展開される時である。教師の指導性の後退を復権する必要がある。

そのためには、単に教科書どおりでも、教育スタンダード通りの定型的教育活動でもない。またＩＣＴ化ないしデジタル化という確率的に類型化された教育活動の出力に終わるのでもなく、人間教師と子どもの即興的性格の呼応する活動にしていくことが期待される。教科書通りの教育活動を代理する教師ではなく、教材や授業の選択と構成に責任を負う教師へとその像を画き直し、子どもにその場で即興的に専門性に裏付けられた応答をする教師とそういう真正の教育活動こそが期待される。

デジタルコンテンツは、そうした即興的応答ができない。プログラムされた反応しかできない。

だから現在問われているのは、デジタル化されたシステムに乗った教育活動をそつなくこなす定型的教師像を目指すのか、それとも教育の画一化と学びの貧困化に専門性をかけてタクトを振る教師と教育活動を目指すのかなのである。この局面になると、子どもの理解の仕方を見てさえいればよいなどということでは済まない。教育の専門職者としての知見が必須となる。こうして教科書や教材研究の知見と子どもの声を聴くという先の二つの課題と三つ目の課題とが重ね合わされていく必要が見えてくる。

教師としての出発は、優れた先達をモデルとして教師生活を始めることでもよい。尊敬に値する教師との出会いに恵まれた時には、真似から入ることも悪くはない。だが、その場合でも、出発の地点を創造的に乗り越えていく中で一人前の専門職者となる。さらに新たな地平を切り開いて行くには知的熟達が必要であり、それは近年の教師論にあるような「学び続ける教師」とは異なる方向の可能性が高い。というのも上からの方針を諾々と学び続ける教師では達成不可能だからである。そうではなくて、自身の側から批判的に課題を捉える教師となる必要がある。あれもこれもと要領よく議論をつないで、心地よい言葉の海に浸っているのとは違って、声を聴けばこそ見えてくる不十分さやできなさを抱えながらも、定型的応答を越えているかと問い返す地平にいることが求められる。新たな世界の一端がそこに見えるか見えないか不確かではあっても、考える基準が自分と子どもたちの側にあるならば、授業実践の現実は確かに変えられていく。そちらへ歩み出した実践の登場を期待したい。

今、次の学習指導要領への改変の手続きがはじまっている。その変化ではなく、教育の事実を見続け、つくり続けたいものである。

註

（1）「奈良教育大学附属小学校における教育課程の実施等の事案に係る報告書」https://www.nara-edu.ac.jp/news/report20240117.pdf
（2）裁判所「裁判例結果詳細―平成９（ワ）１９６２５」https://www.courts.go.jp/app/hanrei_jp/detail2?id=57016
（3）裁判所「裁判例結果詳細―昭和59（行ツ）46」https://www.courts.go.jp/app/hanrei_jp/detail2?id=52713
（4）文部科学省『小学校学習指導要領（平成29年告示）』２０１７年、17頁。
（5）奈良県立教育研究所「奈良県校長の資質向上に関する指標」https://www.e-net.nara.jp/kenkyo/index.cfm/17,1229,c,html/1229/2023_index_princioal.pdf
（6）OECD, TALIS 2018 Results（Volume II）, https://www.oecd.org/education/talis-2018-results-volume-ii-19cf08df-en.htm
（7）国立教育政策研究所編『教育環境の国際比較　ＯＥＣＤ国際教員指導環境調査（ＴＡＬＩＳ）２０１８報告書［第2巻］　専門職としての教員と校長』明石書店、２０２０年、２５５頁。

初出一覧

第1章　書き下ろし
第2章「デジタル化による教育課程と教育方法の支配に抗して」日本教育政策学会編『日本教育政策学年報第30号』学事出版2023年を大きく改稿
第3章「『令和の日本型学校』の学びとログの問題」日本教育法学会編『教育政策と教育裁判の軌跡と新動向　日本教育法学会年報』第52号、有斐閣、2023年を大きく改稿
第4章　書き下ろし
第5章「ICTの不可能性と現実に出会う授業」家庭科教育研究者連盟編『家庭科研究 №.373』子どもの未来社2023年を改稿
第6章　書き下ろし
第7章「現実を自分たちで探究する」全国高校生活指導研究協議会編『高校生活指導　第214号』教育実務センター2022年を改稿

第8章　「対話・討論のトレンドの課題」「読み」の授業研究会編『国語授業の改革20　国語の授業で「対話的な学び」を最大限に生かす』学文社２０２１年を大きく改稿

第９章　「新版『生徒指導提要』とデジタル化による画一化」『季刊教育法№２１６』エイデル研究所２０２３年を大きく改稿

第10章　書き下ろし

転載の許可を頂いた各団体・出版社に感謝いたします。

※本書で引用しているＵＲＬはすべて２０２４年３月31日最終閲覧です。

【著者紹介】

子安　潤（こやす　じゅん）

1953年千葉県に生まれる。千葉大学教育学部を卒業し、広島大学大学院教育学研究科博士課程に進学し、途中小学校教員を2年勤めた後に中退する。その後、愛知教育大学助手となり愛知教育大学名誉教授。現在、日本教育方法学会理事、日本カリキュラム学会理事、日本教師教育学会理事・編集委員。

単著として『「学び」の学校』ミネルヴァ書房・1999年、『反・教育入門』白澤社・2006年、『リスク社会の授業づくり』白澤社・2013年、『画一化する授業からの自律』学文社・2021年を刊行。

編著・共著として『学級崩壊かわる教師かえる教室Ⅳ』フォーラムA・2000年、『授業づくりで変える高校の教室1社会』明石書店・2005年、『学級の教育力を生かす吉本均著作選集4』明治図書・2006年、『教室で教えるということ』八千代出版・2010年、“Lesson Study in Japan” KEISUISHA・2011、『学びに取り組む教師4』高文研・2016年、『18歳選挙権時代の主権者教育を創る』新日本出版社・2016年、『寒川セツルメント史』本の泉社・2018年、『教科と総合の教育方法・技術』学文社・2019年、『感染症を学校でどう教えるか』明石書店・2020年、『Society5.0と揺らぐ公教育』晃洋書房・2024年等を知己に恵まれて刊行。

貧困化する授業からの反転
――デジタル化と「子ども主体」の偽装を真正の教育へ――

2024年11月10日　第１版第１刷発行

著　者　子安　潤

発行者　田中　千津子
発行所　株式会社　学 文 社
〒153-0064　東京都目黒区下目黒3-6-1
電話　03（3715）1501（代）
FAX　03（3715）2012
https://www.gakubunsha.com

印刷所　新灯印刷

ISBN978-4-7620-3376-6